Die Katze Molly

Eine Kindheitsanthologie

telegonos-publishing

Die Katze Molly

Eine Kindheits-Anthologie

telegonos-publishing

Ob die Katze Molly, Schnurrli oder Minka heißt, sie bewohnt das Universum unserer Erinnerungen ebenso wie Kobolde, Einhörner, feuerspeiende Drachen oder Feen. Es ist das magische Universum unserer Kindheit, das uns ein Leben lang begleitet – wenn wir hineinschauen, und sei es nur in unseren Träumen.
Diese Sammlung mit Beiträgen von 21 Autoren möchte genau dazu einen Beitrag leisten. 21 Erzählungen, Erinnerungen, Kindheitsgeschichten, Geschichten für Kinder, illustriert mit Bildern von Kindern. Tauchen Sie ein in die Welt der Katze Molly.
Der Erlös aus dem Verkauf dieses Buches geht als Spende an das Kinderhilfswerk 'Global Care'.

Copyright: © publiziert von telegonos-publishing
Illustration: © Bilder von Kindern, die im Rahmen einer Malaktion auf einer Buchmesse entstanden sind. Das Einverständnis der Eltern liegt vor.
Cover: Kutscherdesign

www.telegonos.de (Haftungsausschluss und Verlagsadresse auf der website)

ISBN-13: 978-3-946762-21-8
Herstellung und Verlag: BoD – Books on Demand, Norderstedt

Dieses Werk ist urheberrechtlich geschützt. Jegliche Verwertung ist ohne Zustimmung des Verlages unzulässig. Ähnlichkeiten mit lebenden oder bereits verstorbenen Personen sind rein zufällig und nicht beabsichtigt.

Bibliografische Information der Deutschen Nationalbibliothek:
Die Deutsche Nationalbibliothek verzeichnet diese Publikation in der Deutschen Nationalbibliografie; detaillierte bibliografische Daten sind im Internet über http://dnb.dnb.de abrufbar.

Vorwort

Afrika, Asien, Brasilien, Haiti … Immer wieder führen mich Reisen in entlegenste Dörfer dieser Welt, wo ich viele spannende Kulturen kennenlerne. Doch im Fokus stehen dabei die Kinder, die in extremer Armut heranwachsen. Kinder, die Hunger leiden und weder lesen noch schreiben können. Kinder, die benachteiligt sind und ohne Hilfe von außen niemals eine Chance hätten, den Kreislauf der Armut zu durchbrechen. Dabei habe ich manches Mal in Kinderaugen geblickt, die leer und stumpf waren und keine Antwort wussten auf die Fragen „Wie alt bist du? Wovon träumst du? Was möchtest du einmal werden?"

Als Kinderhilfswerk Global-Care liegen uns genau diese Kinder am Herzen. Wir möchten ihnen eine helfende Hand reichen, damit sie ihr Potenzial entfalten können und Chancen für eine bessere Zukunft erhalten.

Ich freue mich sehr, dass der Verkauf dieses Buches dazu beiträgt, Kinder in Not zu versorgen und Kinderaugen zum Strahlen zu bringen.

Beate Tohmé, Geschäftsführerin
Kinderhilfswerk Stiftung Global-Care
Gebrüder-Seibel-Ring 23
34560 Fritzlar
Tel. 05622 6160
www.kinderhilfswerk.de

Für alle Kinder dieser Welt

Bild: Alexandra, 30 – entstanden während der Betreuung der Malaktion auf der Buchmesse in Nidderau 2018

Inhalt

Moxi, der Schatzsucher
  Birgit Gürtler   S. 3

Geburtstag
  Anita Jurow-Janßen   S. 11

Wasserspielplatz
  Sylke Eckensberger   S. 16

Wie ein Nilpferd Eiskönig wurde
  Anna Käselau   S. 25

Mieze Minka
  Danielle A. Patricks   S. 37

Mein Held
  Uwe Tiedje   S. 48

Mein Tag als Achtjähriger
  Klaus Pieper   S. 58

Barbies weinen nicht
  Hilde Willes   S. 63

Vom kleinen Fuchs
  Uwe Kraus   S. 74

Mein Korsika-Freund
  Lotte R. Wöss   S. 77

Als mein Großvater mir das Leben rettete
    Marina A. Zimmermann   S. 92

Jugendzeit
    Susanne Schäfer   S. 101

Fast eine Kindheit
    Heinz Flischikowski   S. 118

Geliebte Mutter
    Sabine Runge   S. 124

Schneekugel und Krötenfrosch
    Ursula Stingelin   S. 135

Schönes Eis – gefährliches Eis
    Angela Zimmermann   S. 147

Theodora Sternenlicht
    Matthias Köninger   S. 155

Erinnerungen
    Reimer Boy Eilers   S. 163

The Rebel Mermaids
    Effie Piliouni Albrecht   S. 175

Der Nickneger
    Angelika Meder   S. 186

Das Seifenkistenrennen
    Horst-Jürgen Fiedler   S. 196

Moxi, der Schatzsucher
Birgit Gürtler

Es heißt, bei den Einhörnern im Seenland ist ein Schatz vergraben. Ein Schatz, so gut versteckt, dass er nie gefunden wurde. Viele Abenteuerlustige haben sich schon auf den gefährlichen Weg gemacht, nur wenige von ihnen sind nach Hause zurückgekehrt. Sie berichteten von bösen Feen, mit Haaren aus purem Gold, fein wie Seide und so lang, dass sie bis zum Boden wallen.

Von feuerspuckenden Drachen, deren Augen wie Lava glühen und mit ihrem Atem einen ganzen Wald in Brand stecken.

Von frechen Kobolden, die nachts heimlich am Lager umherschleichen und die Schatzsucher mit falschen Fährten vom Weg abbringen.

Eine Sage berichtet auch, wer das Horn eines Einhorns berührt, hat einen Wunsch frei.

Moxi wackelt auf seinem Schaukelstuhl, dessen Farbe vor langer Zeit verblasst war. Er träumt davon, wie er so ein Einhorn fängt, das Horn berührt und nach dem Weg zu dem sagenumwobenen Schatz fragt.

Der Duft von Keksen strömt aus dem Ofen. Seine Mutter öffnet die Klappe leicht, um zu sehen, ob die Kekse schon goldbraun gebacken sind.

„Gleich sind sie so weit. Möchtest du den Ersten probieren?" Während sie lächelt, sieht es so aus, als ob die Sommersprossen auf ihrem Gesicht zu tanzen beginnen.

Doch Moxi kann gar nichts begeistern und er schüttelt den Kopf. Er hat nur einen Wunsch - ein Einhorn zu fangen. Seufzend kratzt er sich durch das blaue Haar. Endlich glitzert es schön. Einige Flöhe musste er sammeln und hoffen, dass sie in sein Haar auch einziehen. Das war gerade total schick.

„Was hast du denn, mein Schatz?", fragt Mutter und tätschelt seinen Kopf.

„Mama! Pass auf, dass du die Glitzertierchen nicht erschreckst", mault Moxi.

„Glitzertierchen!" Moxis Mutter lacht und geht wieder zum Ofen.

Moxis kleine Schwester krabbelt über den Dielenboden. Ihr erster Haarflaum wuchs gerade und war noch weiß wie Schnee. Ihr Strampelanzug ist an den Knien schon durchgescheuert. Unermüdlich verfolgt sie Moxi.

„Du schon wieder, du Nervensäge", stöhnt Moxi und hilft ihr, sich auf die kleinen Beinchen zu stellen. Stolz strahlt sie über das ganze Gesicht und brabbelt etwas, das wohl irgendwann einmal Moxi werden soll. Er weiß, dass er ihr großer Held ist, aber er war keiner, was ihn fuchste. Doch wenn er dieses Einhorn finden würde, dann konnte er wirklich ein Held werden.

Moxi trägt die kleine Kixi zu dem Stuhl, wo jetzt seine Mutter sitzt und die Kekse verpackt.

„Ich habe noch etwas Wichtiges zu erledigen", verkündet Moxi ernst und hofft, so der Wichtigkeit seines Vorhabens Nachdruck zu verleihen.

Mutters grüne Augen strahlen liebevoll und ihre Sommersprossen tanzen wieder. „Dass du mir aber nicht noch mehr Glitzertierchen fängst. Nicht, dass es ihnen bei dir zu eng wird und sie umziehen wollen." Schützend legt sie sich die Hände auf ihr blaues Haar, das weich wie Samt bis zu den Knien reicht.

„Nein", verspricht Moxi und verdreht die Augen, während er die duftende Küche verlässt.

Die Sonnenstrahlen kitzeln auf der Nase. Schmetterlinge umschwirren seine Haare. Sie mögen das Glitzern darin. Moxi nimmt einen Trampelpfad quer durch die Felder, wo die Kirschen dick und prall an den Bäumen wachsen. Er reißt hastig welche ab und versteckt sich im hohen Gras. Es ist nicht erlaubt, die Kirschen einfach zu pflücken, man muss sie im Laden kaufen gehen.

Kichernd stopft er sich eine nach der anderen in den Mund. Puh, sein Bauch fühlt so sich dick und prall an, wie die Kirschen aussehen.

Moxi meint, aus einem tiefen Schlaf zu erwachen. Alles sieht plötzlich anders aus. Wo ist er nur? Haben ihn seine Füße doch so weit getragen? Er kratzt sich am Kopf, worauf einer der Flöhe mit seiner piepsigen Stimme schimpft.

Moxi überlegt noch mal genau. Er wollte den Weg zu den Einhörnern nehmen, an mehr kann er sich einfach nicht erinnern. Ein Rascheln und Kichern lässt ihn herumfahren. Etwas huscht durch das Dickicht und rennt davon. Moxi meint, eine kleine Gestalt gesehen zu haben, die genau den Mantel trug, den Kobolde gern trugen. Ein Mantel genäht aus getrockneten Fliegenpilzen. Weiß-Rot getüpfelt.

Moxi staunt. Er hat scheinbar den Weg in den Wald der Einhörner gefunden. Der Schatz muss jetzt ganz nah sein! Er darf sich von den frechen Kobolden jetzt nicht in die Irre führen lassen. Es heißt, wenn man sie verfolgt, würden sie einen in eine Gegend locken, dessen Boden weich wie Pudding ist. Ein großes Moor, wenn man einmal darin versinkt, es keine Rettung mehr gibt.

Moxi nimmt den entgegengesetzten Weg des Koboldes und bemüht sich leise wie eine Katze zu schleichen. Wer weiß, was sich alles hier herumtreibt!

Er streift durch einen Wald voller Tannenbäume, dessen Wipfel sich knarrend im Wind biegen. Ein schmaler Weg schlängelt sich am Boden vor ihm entlang. Ja, er bewegt sich einige Meter vor ihm. Moxi kann nicht sagen, wohin er führt, da er stets eine neue Richtung wählt. Moxi schaudert, ob es richtig ist, diesem seltsamen Pfad zu folgen? Doch der Rest des Waldes ist am Boden mit stacheligen Büschen bewachsen. Da bleibt er lieber auf dem Weg.

Ein Geruch von gebratenen Kartoffeln liegt in der Luft. Hm, das riecht lecker. Moxis Magen knurrt. Während er dem Weg folgt, nimmt der Geruch an Intensität zu. Eine kleine Rauchwolke schlängelt sich durch die Waldwipfel, bis Moxi erst einen Schornstein und dann ein kleines Häuschen ausmacht. Wer mochte hier leben, ganz allein im Wald? Der Weg führt ihn direkt vor die Eingangstüre.

„Hallo?", ruft er mit zittriger Stimme.

„Komm nur herein", antwortet eine kratzige Stimme.

Moxi dreht am Türknauf und späht in einen vollgestellten Raum. Schränke an den Wänden, Tisch und Stühle in der Mitte, leere Vogelkäfige, die von der Decke hängen und überall stehen Kerzen verteilt, die trotz Tageslicht brennen.

Moxi tritt ein und vermeidet es, den Floh ein weiteres Mal zu stören und kratzt sich nur an der Nase.

„So, so, ein Schatzsucher hat den Wald der Einhörner gefunden." Die Stimme kichert, doch Moxi sieht niemanden.

„Schatzsucher?", tut Moxi unschuldig.

Die Stimme kichert wieder heiser. „Tu nicht so einfältig. Wen der Weg hierher führt, der ist ein Schatzsucher." Eine kurze Stille tritt ein, bis sich aus einer düsteren Ecke eine Gestalt erhebt.

Moxi erschreckt, als er die Person nun besser sehen kann. Die Frau muss hundert Jahre alt sein. Tiefe Furchen durchziehen ihre Gesichtshaut, die dünn wie Pergament schimmert. Auf einem Krückstock gestützt, schlurft sie auf ihn zu. Das goldene Haar reicht bis zum Boden. Sie zieht es wie einen Schleier hinter sich her.

„Ich weiß, wo der Schatz versteckt ist", flüstert sie.

„Und warum holst du ihn dir nicht?" Moxi wackelt von einem Bein auf das andere. Dies ist eindeutig eine der bösen Feen, von denen Heimkehrer gesprochen haben. Moxi will nur noch ganz schnell von hier verschwinden, traut sich aber kaum sich zu bewegen.

Die Frau kichert. „Sieh mich doch an. Ich bin alt. Und was brauche ich schon mehr, als ein kleines

Häuschen, dem wärmenden Feuer im Kamin und einen gefüllten Kochtopf. Hm?"

Moxi nickt und blickt sich um. Alles ist alt und einfach, aber im Grunde braucht man tatsächlich nicht mehr.

„Du. Du bist noch jung. Willst sicher deiner Mutter das Herz erfreuen, indem du die dicken Goldtaler nachhause bringst." Ihre Augen blicken tückisch.

Moxi nickt und spürt, wie seine Wangen rot werden.

„Für eine kleine Gefälligkeit würde ich dir das Versteck verraten", flüstert sie wieder.

Moxis Herzschlag rast schneller. Weiß die alte Fee tatsächlich, wo der Schatz versteckt ist? Oder will sie ihn nur täuschen?

„Was für eine Gefälligkeit?"

„Ich bin eine alte Frau und die Dinge gehen mir nicht mehr so leicht von der Hand. Es müsste das Holz gehackt, die Kartoffeln geschält und das Haus gefegt werden. Wenn du versprichst, mir ein Jahr zu dienen, dann sollst du den Schatz haben."

Moxi grinst. „Woher kann ich wissen, dass du den Ort kennst. Vielleicht arbeite ich ein Jahr hier und dann schickst du mich einfach in den Sumpf."

„Schlaues Kerlchen. Schlaues Kerlchen. Du wirst es noch zu was bringen", säuselt die Frau und trottet zu einem verschlossenen Schränkchen, das sie aufschließt. Sie nimmt eine hölzerne Schatulle heraus und öffnet diese. Die Spitze eines Horns liegt darin. Es schimmert und glitzert in allen Regenbogenfarben. „Dies ist die abgebrochene Spitze von dem Horn eines Einhorns. Ich habe mich noch nie für einen Wunsch entscheiden können, da ich ja schon alles habe. Du sollst den Wunsch äußern dürfen, wenn du mir ein volles Jahr dienst."

Moxi ist nicht überzeugt. „Vielleicht versteckst du die Hornspitze nach einem Jahr."

„Jungchen, Jungchen, willst du mich etwa eine Betrügerin schimpfen?" Ihr Kopf beugt sich zu ihm herunter. Moxi bekommt es mit der Angst zu tun. Doch noch ehe er etwas erwidern kann, spricht die Fee weiter. „Diene mir drei Tage, dann äußere den Wunsch, den Schatz nach einer Frist von einem Jahr Dienerschaft finden zu wollen."

Moxi nickt, das hörte sich fair an.

Nach einem arbeitsreichen Tag hockt Moxi auf Stroh im Schuppen nebenan. Seine Hände haben Blasen vom Holzhacken. Der Rücken tut ihm weh vom Fegen. Sein Magen knurrt vor Hunger. Die Fee hat ihm nur eine Schüssel Brei gegeben, obwohl Moxi so viele Kartoffeln geschält hat.

Er seufzt und muss an die lustigen Sommersprossen seiner Mutter denken, an die duftenden Kekse. Sollte er wirklich ein Jahr fortbleiben? Er würde nicht mehr der Held seiner kleinen Schwester sein. Ihr abends keine Geschichten erzählen und ihre ersten eigenen Schritte verpassen. Ist die Familie nicht viel mehr wert als alles Gold? Braucht er denn mehr Besitztümer als eine Fee? Sie ist zufrieden mit einem Zuhause, dem wärmenden Kamin und einen gefüllten Kochtopf.

Moxi springt auf. Im Dämmerlicht sucht er den Weg. Er scheint auf ihn gewartet zu haben.

„Lieber Weg. Bring mich zurück zu meiner Familie!"
Der Weg schlängelt los und wird mit jedem Schritt, den Moxi macht, schneller.

Die Sonne kitzelt Moxi an der Nase. Erschrocken reist er die Augen auf und blickt um sich. Er liegt im hohen Gras bei den Kirschbäumen. Hat er alles nur geträumt?
Ihm ist es egal. Er will geschwind heim, die duftenden Kekse naschen und seiner Schwester ein neues Märchen erzählen. Von der Fee im Wald, die in ihrem Schrank die Hornspitze eines Einhorns aufbewahrt.

Birgit Gürtler wurde 1974 in Wiesbaden geboren. Sie lebt seit drei Jahren im sonnigen Spanien und liebt es, spannende Geschichten zu erfinden, in denen alte Mythen und Sagengestalten zum Leben erwachen.

Bild: Manuela, 28 – Mutter von Jona (s.S. 155)

Geburtstag
Anita Jurow-Janßen

Leon war noch im Halbschlaf, als er die Kirchturmuhr siebenmal schlagen hörte. Seine Mutter schlief für gewöhnlich noch fest, wenn er aufstand. Eine eigene Uhr besaß er nicht. Er gähnte, er war noch hundemüde, aber es nützte nichts, er musste zur Schule. Langsam streckte er zuerst das eine und dann das andere Bein unter der Bettdecke hervor, drehte sich auf die Seite und rollte sich mit noch geschlossenen Augen aus dem Bett. Das machte er jeden Morgen so und es war schon passiert, dass er dabei auf den Fußboden kullerte. Aber heute passte er auf.

Leise schlich er mit nackten Füßen zum Badezimmer. Er warf dabei einen Blick ins Wohnzimmer. Die Tür stand weit offen. Seine Mutter lag auf dem Sofa. Sie schlief tief und fest. Ein leises Schnarchen, oder eher ein Röcheln, war aus ihrem Hals zu vernehmen. Auf dem Tisch standen etliche Flaschen, die vor kurzem noch mit Alkohol gefüllt gewesen waren. Jetzt waren sie leer. Leon schlich zum Fenster und öffnete es. Der Alkoholgeruch war unerträglich. Daran würde er sich nie gewöhnen.

Bevor er ins Bad schlüpfte, nahm er so viele Flaschen, wie er tragen konnte unter die Arme und ließ sie so leise wie möglich in den großen Eimer mit Deckel plumpsen, der in der Küche unter dem Spülbecken stand. Er ging noch einmal zurück und holte die restlichen Flaschen. Erst dann machte er seine

Katzenwäsche und stieg in die zerschlissene Hose, die seine Mutter im Secondhand-Laden gekauft hatte. Für Neues war kein Geld da. Auch das T-Shirt hatte schon bessere Tage gesehen. Anschließend öffnete er den Kühlschrank, in der Hoffnung, dort noch etwas Essbares vorzufinden. Ein einsamer Joghurt stand in der mittleren Borte. Das war alles. Auch Brot war keines mehr da. Seine Mutter hatte ihm gestern versprochen, einzukaufen. Aber so wie es aussah, hatte sie ihre Vorsätze mal wieder in Alkohol ertränkt. Er aß den Joghurt, nahm seine Büchertasche und verließ leise die Wohnung. Auf dem Schulweg traf er auf Kalle, der mit einem funkelnagelneuen Fahrrad einige Kurven vor ihm drehte.

„Mein neues Fahrrad", sagte er stolz. „Ich habe heute Geburtstag."

„Geburtstag?", wiederholte Leon. „Du hast heute Geburtstag?"

„Ja, wieso sagst du das so komisch?", fragte Kalle. „Jeder hat doch mal Geburtstag."

„Ja, ja, schon gut. Ich wollte nur sagen: Herzlichen Glückwunsch!"

„Danke!", rief Kalle. Er war schon ein ganzes Stück weitergefahren und verschwand um die Ecke.

Leon schluckte. Er hatte auch heute Geburtstag. Und noch nicht einmal seine Mutter hatte daran gedacht. Sogar er selbst hätte es fast vergessen, wenn ihm Kalle jetzt nicht über den Weg gelaufen wäre. Dabei hatte seine Mutter groß angekündigt, seinen Geburtstag in diesem Jahr so richtig zu feiern. Als Entschädigung, weil sie es im letzten Jahr auch schon vergessen hatte.

Aber er hatte sowieso nicht daran geglaubt. Vielleicht war es deshalb nichts geworden.

Sein Opa sagte immer: „Nur die Dinge, an die man glaubt, passieren auch."

Bei dem Gedanken an seinen Opa wurde er jetzt erst richtig traurig. Opa war sein Ein und Alles gewesen. Aber letztes Jahr im Sommer, kurz vor Leons Geburtstag, war er während einer Hitzeperiode an einem Herzinfarkt gestorben. Ganz plötzlich hatte sich die Welt nicht mehr gedreht. Seine Mutter hatte wieder angefangen zu trinken und verlor praktisch über Nacht ihren Job. Das Geld wurde immer knapper und wie es jetzt aussah, würde sie es nicht so bald schaffen, wieder einer regelmäßigen Arbeit nachzugehen. Der Schmerz saß tief. So tief, dass Leon kräftig schlucken musste, um nicht in Tränen auszubrechen. Aber sein Opa hatte noch etwas gesagt:

„Immer wenn du denkst, es gibt keine Lösung für dein Problem, arbeite daran. Gib nicht auf. Versuche, das Beste aus der Situation zu machen. Dann kommt das Glück irgendwann zu dir zurück."

Opa hatte gut lachen. Ihm war es gut gegangen, und solange es ihm gut ging, ging es Leon und seiner Mutter auch gut. Nachdem Leons Vater vor drei Jahren gestorben war, dachten seine Mutter und er, die Welt ginge unter. Aber mit Opas Hilfe hatten sie die Schmerzen irgendwie in den Griff bekommen. Sogar die Alkoholsucht hatte seine Mutter kurzfristig besiegt. Aber als Opa starb, fiel sie in ein noch viel tieferes Loch als nach dem Tod ihres Mannes. Zwei geliebte Menschen in einer so kurzen Zeit zu verlieren kann kaum jemand verkraften. Schon gar nicht seine übersensible Mutter.

Jetzt musste er stark sein. Er ging regelmäßig zum Friedhof, um sich von seinem Opa Rat zu holen. Das half tatsächlich. Er stellte sich vor das Grab und erzählte von seinen Sorgen. Wenn er dann nach Hause ging, fiel ihm meistens etwas ein, was seinen Kummer besänftigte. Nur das Alkoholproblem seiner Mutter bekamen sie nicht in den Griff. Weder Opa in seinem kalten Grab, noch er.

In Gedanken versunken kam Leon in der Schule an. Sein Freund Till saß auf den Stufen der Eingangstreppe und wartete auf ihn. Er war sein einziger Freund. Die meisten in der Klasse tuschelten über ihn, weil er nicht die richtigen Klamotten anhatte. Aber Till war das egal. Er war so kräftig, dass er nur eine kleine Warnung aussprechen musste, um alle zum Schweigen zu bringen. Leon wusste nicht, womit er es verdient hatte, ausgerechnet von Till beschützt zu werden. Wahrscheinlich weil der selbst mit den Spitzen fertig werden musste, die wegen seiner Körperfülle auf ihn gepfeffert wurden.

„Wo bleibst du denn so lange?", fragte er nicht ganz ohne Vorwurf, als Leon endlich bei ihm ankam.

Leon schwieg dazu. Was sollte er auch sagen? Dass er um seinen Opa getrauert hatte oder um seinen Geburtstag, der mal wieder allseits vergessen wurde.

Der Vormittag verlief zäh. Leon war nicht bei der Sache. Als es endlich am Schulschluss klingelte, fragte Till, ob sie am Nachmittag für die anstehende Mathearbeit üben wollten. Till war kein guter Schüler und Leon half ihm häufig, die Aufgaben zu lösen. Gemeinsam machte es ohnehin viel mehr Spaß.

„Okay", sagte er. „Ich kann ja später zu dir kommen."

„Alles klar", antwortete Till. „Dann bis später." Er schwang sich auf sein Fahrrad und sauste los.

Irgendwie grinste er blöd, fand Leon. Aber seine Gedanken gingen schon weiter bis nach Hause. Hoffentlich ist Mama aufgestanden, dachte er. Schon als er die Haustür aufschloss, war irgendetwas anders. Er stutzte. Im Flur hingen etliche Luftballons unter der Decke und die Wohnung war blitzblank. Leon öffnete die Tür zum Wohnzimmer und ein Geburtstagslied schallte ihm entgegen. Fast erschrocken blieb er wie angewurzelt stehen. Seine Mutter, Till und sogar noch ein paar Schüler aus seiner Klasse standen da und sangen: „Alles Gute zum Geburtstag" und „Wie schön, dass du geboren bist."

Leon musste lachen, aber ein paar Tränen schlichen sich in seine Augen. Er schluckte. „Seid ihr bescheuert!", rief er. Er wollte sich keine Blöße geben. Alle hatten ihm etwas mitgebracht. Leon konnte es nicht fassen. Was war geschehen, dass die Welt plötzlich wieder freundlich aussah? Er wusste es nicht, aber warum darüber nachdenken, wenn eine köstliche Torte auf Vernichtung wartete.

Anita Jurow-Janßen, geboren in Varel, Niedersachsen, wohnhaft in Oldenburg/Oldenburg, schreibt seit ca. 11 Jahren.
Genre: sozialkritische Romane, Thriller, Gedichte.

Wasserspielplatz
Sylke Eckensberger

Nach der Schule trafen wir uns, da gab es verschiedene Stellen im Ort. Der mir am nächsten gelegene Treffpunkt war das Geländer an der Bachbrücke. Es gab nicht erst viele Absprachen, meist fanden sich die Freunde ein. Es passte nicht immer bei jedem, manchmal mussten auch erst noch ein paar Arbeiten zu Hause erledigt werden. Das war aber bei allen Kindern im Dorf so, deshalb empfand das niemand als große Belastung.

Heute waren wir zu dritt, Jacqueline, Hans-Jürgen und ich. Wir waren zehn Jahre alt und besuchten gemeinsam die 5. Klasse an unserer Schule im Ort. Es war ein schöner Sommertag und wir überlegten kurz, was wir unternehmen wollten. Schnell wurden wir uns einig, wir wollten weiter an der Quelle arbeiten. Die Fahrräder hatten wir immer dabei, so waren wir beweglicher.

Es war nicht weit bis zur Quelle, so hatten wir das Ziel schnell erreicht. Was wir dort an der Quelle machen wollten, willst du wissen? So will ich dir kurz beschreiben, wie es dort aussah. Stell dir vor, die letzten Häuser meines Dorfes waren zu Ende, ab jetzt gab es nur noch Wiesen, die den Kühen als Weide dienten. Ein Bach schlängelte sich den Weg durch diese Wiesen. Der halb zugewachsene Pfad wurde von einem kleinen Wäldchen umsäumt. Oberhalb vom Weg gab es einen kleinen Hang und unterhalb vom Weg entsprangen mehrere kleine Quellen. Ein Sumpf zog sich über die Wiese bis zum Bach. Doch wir kannten die Wege, auf denen wir nicht einsanken. Bis wir diese gefunden hatten, mussten wir aber oft unsere Gummistiefel wieder aus dem Morast ziehen. Unsere Quelle war die größte, die es dort gab - ein kleines Wasser sprudelndes Loch in der Wiese. Wie ein kleiner Teich war das erste Stück nach der Quelle, dann suchte sich das Wasser seinen Weg quer über die Wiese bis zum Bach. Deshalb war dort auch alles sumpfig. Nur die höher gelegenen Grasbüschel waren so, dass man sie betreten konnte.

Unser Plan war, dass wir uns dort ein Freibad erschaffen wollten, Träume zehnjähriger Kinder. Doch wir waren fest entschlossen. Mit den Händen schaufelten wir die aufgeweichte Erde heraus und schichteten sie gleich als Damm am Rand wieder auf. Längst schon hatten wir die Stiefel am Weg abgestellt, barfuß war es besser. Das merkten wir schnell, denn oft versanken wir bis zum Knie im nassen Schlamm. Das Wasser war sehr kalt, es kam aus der Tiefe, dort, wo es sehr kühl ist. Deshalb mussten wir immer wieder ins Trockene, damit die Sonne die Füße wärmte.

Wir hatten auch versucht, mit der Schaufel zu graben, doch der Schlamm war so zäh und schwer, da ging es mit den Händen sehr viel leichter. Dafür wurde der Damm mit diesem Schlamm richtig schön dicht, er ließ sich verarbeiten wie Lehm. So konnten wir unsere aufgeschichteten Wände verschmieren und das Wasser sickerte nicht hindurch. Immer höher stieg der Wasserspiegel, das freute uns. Es war beachtlich, wie groß unser Becken geworden war, im Durchmesser etwa drei Meter. Nur tiefer konnten wir dann nicht mehr graben, der Untergrund wurde steinig. Jetzt mussten wir abwarten, es füllte sich nur langsam.

Der Nachmittag war schnell verflogen, plötzlich zeigte die Uhr fast 18 Uhr. Das bedeutete, Jacqueline musste nach Hause zum Abendessen. Da auch Hans-Jürgen und ich bald folgen mussten, beschlossen wir, für heute aufzuhören. Morgen würden wir weiter arbeiten.

Wir sahen uns an. Oh weh, da würde es wohl nicht gerade erfreute Mütter geben. Der Schlamm klebte überall. Arme und Beine wuschen wir ab, schauten gegenseitig, wo er übersehen wurde. Nur die Anziehsachen konnten wir natürlich nicht sauber bekommen. Erstaunlich, dass Jacqueline kaum schmutzig geworden war, Hans-Jürgen und ich hatten da wesentlich mehr abbekommen. Doch das kannten wir schon.

Später am Abend zog sich ein Gewitter zusammen. Auch wenn wir relativ früh ins Bett mussten, so hörten wir es doch. Es machte uns Sorgen. War der Damm fest genug? Würde es viel Regen geben? Es gab einen kräftigen Gewitterguss und dieser ließ uns alle drei nicht gut schlafen.

Morgens trafen wir uns an unserer gewohnten Stelle, um gemeinsam zur Schule zu fahren. Wir waren alle ein bisschen zeitiger da als sonst, am liebsten hätten wir erst noch nach dem Rechten gesehen. Doch vor der Schule trauten wir uns das dann doch nicht.

Wir wären unweigerlich zu spät gekommen. Es wurde ein unruhiger Tag, in jeder Pause saßen wir zusammen und überlegten, wie wir mehr Stabilität einbauen konnten. Wir wollten heute Zweige eingraben, so wie die Biber das taten. Auch langes Gras würde den Damm fester werden lassen.

Nach der Schule wären wir am liebsten gleich zum Damm gefahren. Doch diesen Ärger wollten wir uns dann doch nicht einhandeln, es gab gewisse Regeln. Erst einmal wurde mittaggegessen und dann mussten die Hausaufgaben erledigt werden. Wenigstens durften wir heute schon nach der 5. Stunde nach Hause. So schnell es ging, erledigten wir alles, wir wollten uns treffen, sobald wir fertig waren.

Ich war zuerst da, doch es war noch keiner zu sehen. Kurzentschlossen suchte ich mir einen Stock und kratzte in die Erde vom Weg die Botschaft ein: „Bin bei Hans". Ich hoffte, Jacqueline würde es entdecken. Das hatten wir schon öfters so gemacht. Bei Hans-Jürgen angekommen, half ich ihm schnell bei dem Rest der Hausaufgaben, da ging es auch bei ihm ganz schnell. Gerade waren wir fertig, da klingelte es. Jacqueline war da, sie musste erst noch einkaufen und hatte es deshalb nicht früher geschafft.

Jetzt waren wir komplett. Die Schulsachen waren längst gegen die Räubersachen getauscht und endlich konnten wir los. Der Weg war beschwerlich, denn es war alles aufgeweicht. Hoffentlich hatte der Damm gehalten, dann war das Wasser bestimmt schon richtig hoch. Es war so drückend heiß, eine Abkühlung würde uns richtig guttun.

Endlich erreichten wir schwitzend das Ziel. Doch was wir dann sahen, ließ uns beinahe Tränen der Enttäuschung in die Augen steigen. Der Damm war gebrochen. Doch nicht der Druck des Wassers war schuld, er wurde mutwillig zerstört. Wir tasteten uns zu der kaputten Stelle, wollten reparieren. Dabei überlegten wir, wer uns das wohl angetan hatte. Wir konnten uns beim besten Willen nicht vorstellen, wer so etwas Gemeines tat. Zumal wir keinem davon erzählt hatten. Hans-Jürgen sah es als Erster. Der Täter hatte Spuren hinterlassen. Genaugenommen war es wohl nicht nur ein Täter, es mussten viele gewesen sein.

Durch das Graben hatten wir einige im Boden lebende Tiere nach oben befördert, Käferlarven, Regenwürmer und noch andere, die wir nicht kannten. Das war eine willkommene Abwechslung für den Speiseplan einer Rotte Wildschweine. Ja, wir lebten in einer wenig besiedelten Gegend. Der Wald war nicht weit, da kam es schon vor, dass die Tiere von dort auch einmal auf ihren Streifzügen an den Rand des Dorfes kamen. Geknickt und traurig begaben wir uns auf den Nachhauseweg.

Ich wohnte am nächsten und als wir dort ankamen, stand mein Vater da. Er hatte unsere Aktivitäten von Ferne beobachtet und als wir heute in der Schule waren, hatte er es sich angesehen. Doch mein Vater war nicht so, dass er uns mit klugen Ratschlägen bombardierte. Er sah, wie geknickt wir waren und fragte deshalb, was uns bedrückte. Die Enttäuschung war noch ganz frisch, so erzählten wir es. Erst schwieg er, doch dann sagte er: „Wenn diese Gesellen einmal aufgetaucht waren, würden sie es wohl immer wieder tun." Ja, das befürchteten wir auch. Somit ließen wir den Plan für unser Freibad fallen. Wir legten noch einen Abflussgraben an und dann schauten wir, wie das ganze Wasser in den Bach floss.

Auch wenn alle Mühe umsonst war, es waren trotzdem herrliche Stunden dort an der Quelle. Es dauerte auch nicht lange, bis wir schon wieder neue Ideen hatten, wie wir den Nachmittag gestalten wollten. Schon vor einer Weile hatte uns mein Vater Schläuche von Traktoren besorgt. Diese waren als kaputt aussortiert, doch mit Flickzeug vom Fahrrad konnten wir das wieder reparieren. Schon lange hatten wir den Plan, damit auf dem Bach zu flößen. Das wollten wir heute tun. Mit der Luftpumpe mühten wir uns ab, bis genügend Druck darauf war. Dann trugen wir sie zum Wasser. Unser Dorfbach war nicht tief, doch immerhin war der Wasserstand so hoch, dass unsere Fahrt mit unseren Flößen klappen musste. Die Schuhe ließen wir am Ufer stehen, dann setzten wir uns auf die Schläuche. Huh, das war nicht so gut, dadurch drückten sie sich an einer Seite so tief nach unten, dass der Po gleich nass wurde. Eine gute Idee musste her. Wir suchten uns Bretter, legten diese auf die Schläuche und dann klappte es.

Wir ließen uns mit der Strömung treiben. Unser Zuhause war am unteren Ende des Dorfes, deshalb ging unsere Reise nun auch immer weiter vom Dorf weg. Es machte Spaß, von hier unten sah das Ufer ganz anders aus, als wir es von oben kannten.

Manchmal war der Bach breit, da konnten wir nebeneinander fahren. Es gab Stellen, da war das Wasser ganz flach und sehr schnell. Da passierte es schon auch einmal, dass wir mit unseren luftgefüllten Schläuchen aufsetzten. Das war lustig, doch leider traf es mich öfters. Ich war ein bisschen schwerer als die anderen beiden. Na gut, da musste ich eben absteigen und ein Stück laufen.

Durch die Brücken war es schön, da wurden plötzlich alle Geräusche leiser, nur noch das Plätschern des Baches war zu hören. Wir kamen auch an unserer Wasserbaustelle vorbei und ein kleiner Anflug von Traurigkeit ergriff uns wieder. Doch lange blieb dafür keine Zeit, wir mussten jetzt aufpassen. Rechts und links hatten sich die Brennnesseln weit über das Wasser gelehnt. Der Bach war jetzt ganz schmal und die Durchfahrt eng. Es gehörte Mut dazu, sich da durchzutrauen. Einer nach dem anderen meisterten wir das Stück.

Eine lange unterirdische Fahrt war dann der nächste Höhepunkt. Doch der gestaltete sich als sehr schwierig. Über den Bach führten ein Weg und darüber noch die Autobahn. Deshalb war dieser Tunnel besonders lang. Wir fuhren in diesen Tunnel hinein. Es war nur noch schummriges Licht, so richtig weit konnten wir nicht mehr schauen. Doch dann kam eine böse Überraschung. In diesem Tunnel lag sehr viel Unrat im Wasser und dazu noch große Steine. Eine Weiterfahrt war nicht möglich, ständig stießen unsere Flöße an. Es blieb nichts übrig, als sie zu tragen. Doch die Höhe war auch sehr beschränkt, wir konnten nicht aufrecht gehen. Ein mulmiges Gefühl machte sich im Magen breit. Wie schön als dann endlich dieser Abschnitt geschafft war. Am liebsten wären wir jetzt wieder umgekehrt, doch wir schienen in dem Bachlauf gefangen. Die Brennnesseln hatten die Herrschaft übernommen, dort wollten wir nicht durch. Doch so langsam mussten wir einen Ausstieg finden. Es war nicht mehr weit bis zum Wald. Dort gab es eine Stelle, die zu befahren wäre zu gefährlich geworden. Der schlammige Untergrund würde uns nicht wieder frei lassen, falls wir dort vom Floß rutschten. Deshalb suchten wir die nächste Möglichkeit, um den Bach zu verlassen, und fanden auch bald einen Weg nach oben.

Nun lag der Rückweg vor uns. Die Schläuche mussten wir tragen, den Weg barfuß zurücklegen. Gut, dass wir das alle drei gewohnt waren. Trotzdem war der steinige Boden nicht gerade ein Vergnügen. So schön die Fahrt mit dem Floß war, so weit mussten wir ja nun auch wieder zurücklaufen. So kamen wir schon bald wieder ins Schwitzen. Doch jammern kannten wir nicht, schließlich hatten wir uns das ja selbst ausgesucht.

Einen Abenteuerspielplatz direkt vor der Tür zu haben, ohne Grenzen und Zäune war wunderbar. So spielte sich unsere Freizeit fast immer draußen ab, immer so, wie es die Jahreszeiten erlaubten, immer wieder mit kleinen und großen Abschürfungen, mit zerrissener Kleidung und blauen Flecken. Aber wir waren total glücklich. Meist durften wir auch mit einem Donnerwetter der Mutter beim nach Hause kommen rechnen, die sich über die schmutzige

Kleidung beschwerte. Doch auch das war nur halbherzig ernst gemeint. Unsere Eltern fanden es gut, dass wir nicht den ganzen Tag in der Stube hockten. Deshalb erlaubten sie auch so vieles. So lernten wir beim Spielen, wie wir Gefahren einschätzen mussten, wie wir es uns so leicht wie möglich machten und vor allem, dass wir uns nie im Stich ließen. Wir lernten fürs Leben.

Vor 50 Jahren in Limbach-Oberfrohna geboren, lebt Sylke Eckensberger auch heute noch in Chemnitz in Sachsen. Sie schreibt seit etwa fünf Jahren Geschichten für Kinder und Gedichte zu Themen des Alltags.

Bild: Charlotte, 9 – Titel: Ein Sommerbild

Wie ein Nilpferd Eiskönig wurde
Dr. Anna Käselau

„Papa, woher kennst du Erik Eisbär eigentlich, er lebt doch so weit weg im Norden, wo es nur Eis und Schnee gibt?"

Paulinchen Nilpferd und Papa Nilpferd sitzen gemeinsam beim Frühstück und genießen den schönen Morgen. Mama Nilpferd ist über das Wochenende zu einem Ärzte-Kongress gegangen und hatte Paulinchens Babysitter Ferdinand Vogel mitgenommen, weil er auch ein sehr guter Sekretär ist. Papa Nilpferd freute sich darauf, das Wochenende mit Paulinchen zu verbringen. Willy Wolke schlief noch, weil er in der Nacht mit ein paar Regenwolken gespielt hatte und nun sehr müde war.

„Oh", sagt Papa Nilpferd, „das ist sogar eine spannende Geschichte." Paulinchens Augen weiten sich, und sie lächelt. „Erzähl!", fordert sie ihren Papa auf, lehnt sich zurück, nimmt sich noch ein leckeres Blatt und ist sehr gespannt.

„Also, ich war noch sehr jung, ich glaube, ich war ungefähr in deinem Alter, ich wurde erst vor kurzem eingeschult, und alles war sehr aufregend, das Lernen, die neuen Freunde und die vielen Ausflüge, die ich mit meinen Eltern unternahm."

„Also, Oma und Opa!", unterbricht ihn Paulinchen.
Papa Nilpferd lächelt und streicht über Paulinchens Haar.

„Ja, das ist richtig, mein kleiner Schatz, meine Eltern sind deine Großeltern.

Eines Tages also - ich war gerade mit den Hausaufgaben fertig - fragte Oma Nilpferd mich, ob ich Lust hätte, sie zur Arbeit zu begleiten. Sie arbeitete am Hafen und baute Schiffe, und ab und zu durfte ich sie begleiten, weil der Hafen so schön ist, und ich dort gerne gespielt habe. Aber diesmal bat sie mich, Jacke, Schal und Mütze mitzunehmen, und ich wunderte mich darüber, da es doch recht warm war an dem Tag und überhaupt zu dieser Jahreszeit. Ich schaute in den Himmel, aber außer Willy Wolke tummelte sich keine andere Wolke am Himmel, die zum Beispiel regnen oder es kalt werden lassen könnte oder so."

„Moment!", wirft Paulinchen ein. „Es gab Willy schon, wo du klein warst?"

„Aber ja", sagt Papa Nilpferd. „Er und ich waren schon immer Freunde, und ich freue mich, dass auch ihr nun Freunde seid."

„Willy ist ein toller Freund", sagt Paulinchen lächelnd und schaut zu ihm hoch, aber die freundliche Wolke schläft noch und schnarcht sogar ein wenig. Vater und Tochter finden das lustig und lachen leise, um Willy nicht aufzuwecken.

„Erzähl bitte weiter", sagt Paulinchen.

„Wo war ich stehen geblieben? Ach, ja, ich nahm also meinen Rucksack und legte dort Jacke, Schal und Mütze hinein. Oma Nilpferd trug ebenfalls einen Rucksack. Ich fragte sie natürlich, warum wir die warmen Sachen dabei haben, aber sie sagte nur, es sei eine Überraschung. Das Gleiche hatte dein Opa auch gesagt, als er mir die warmen Sachen zu meinem letzten Geburtstag geschenkt hatte. Ich freute mich zwar sehr darüber, weil Opa die Sachen selbst gestrickt hatte, aber ich wusste nicht so recht, wann ich sie anziehen sollte, da wir hier am Nilufer immer schönes Wetter haben. Oma und ich gingen los.

Wir waren schon eine Weile am Nilufer gegangen, als uns Konrad Krokodil mit seiner Mutter begegnete."

„Ist Konrad Krokodil mit meinem Freund Karl Krokodil verwandt?", will Paulinchen wissen.

„Ja, Konrad Krokodil ist Karls Onkel, wir gingen zusammen zur Schule und sind auch heute noch sehr gut befreundet."

„Das wußte ich ja gar nicht! Das ist ja toll!", ruft Paulinchen. „Hast du deinem Freund Hallo gesagt?"

„Oh, nicht nur das", antwortet Papa. „Oma lud ihn sogar ein, mit uns zu kommen. Konrads Mama gab ihm einen Rucksack, den sie auf dem Rücken getragen hatte. Und dreimal darfst du raten, was sich darin befand."

„Ich glaube, ich muss nur einmal raten", sagt Paulinchen. „Bestimmt waren es warme Sachen!"

Papa Nilpferd lacht. „Ja, da hast du vollkommen recht, es befanden sich tatsächlich auch für Konrad Jacke, Schal und Mütze darin."

Paulinchen grübelt etwas. „Fand Konrad es denn nicht auch komisch, dass er warme Sachen mitschleppen musste?"

„Doch!", bestätigt Papa. „Er fand es genauso komisch wie ich. Aber Oma Nilpferd machte es wirklich sehr spannend, sie wollte uns nicht einmal einen Hinweis geben. Endlich kamen wir am Hafen an und gingen direkt zu einem großen Containerschiff, das Oma Nilpferd zusammen mit ihren Freunden gebaut hatte. Konrad und ich waren total fasziniert von dem schönen Schiff. Wir gingen an Bord und waren sehr aufgeregt. Ob wir denn auch auslaufen würden, wollten wir wissen, und Oma lächelte und bejahte. Während sie zum Kapitän ging, um mit ihm zu sprechen, durften wir an Deck spielen. Wir liefen umher, spielten Verstecken, lachten und sahen von der Reling herunter. So ein schönes, grosses Containerschiff!"

„Ich finde Containerschiffe auch toll", sagt Paulinchen. „Alle Schiffe sind etwas ganz Tolles, finde ich!"

„Ja, die maritime Liebe hast du eindeutig von mir", sagt Papa Nilpferd stolz.

„Wer ist denn Martin,", will Paulinchen wissen, „und warum lieben wir ihn?"

Papa Nilpferd muss lachen. „Hahaha! Nicht Martin, mein kleiner Schatz. Maritim kommt vom lateinischen Wort maritimus und bedeutet das Meer betreffend, die Seefahrt und die Schifffahrt und so weiter."

„Oh, fein, was für ein interessantes Wort... Maritin."

„Das heißt maritim", berichtigt Papa seine Tochter.

„Ah, ok. Ma-ri-tim", prägt sich Paulinchen das neu gelernte Wort ein. Papa Nilpferd sieht Paulinchen stolz und liebevoll an. Er freut sich, dass sie so wissbegierig ist und fährt mit seiner Geschichte fort.

„Es war eine sehr lange, aber auch sehr schöne Fahrt. Konrad und ich spielten viel, bekamen leckeres Essen und hatten allgemein sehr viel Spaß zusammen mit Oma und der Besatzung, die ebenfalls ab und zu mit uns Verstecken spielte. Es vergingen ein paar Tage, aber es wurde nie langweilig. Irgendwann rief Oma uns. Sie hatte ihre Jacke an, Schal um und Mütze jedoch noch nicht.

Konrad und ich sahen uns fragend an und schauten in den Himmel; die Sonne schien hoch, und es war warm. Sie forderte uns jedoch auf, ebenfalls die Jacken anzuziehen, und natürlich taten wir es, einerseits weil wir gerne gehorsam sind, andererseits, weil wir so neugierig waren, was das alles soll.

Wir gingen unter Deck, dann noch tiefer in das Containerschiff hinein. Es wurde tatsächlich immer kühler und auch dunkler. Konrad flüsterte mir zu, dass er etwas Angst hatte, und ich sagte, ich sei froh, dass wir meine Mama dabei hatten, die uns beschützen kann. Deine Oma Nilpferd bekam mit, dass wir Angst hatten, lächelte uns an und beruhigte uns.

Wir betraten einen großen Raum, in dem nur eine große Kiste stand, sonst nichts. Oma öffnete sie und holte eine kleinere Kiste daraus hervor; sie war gelb, mit hübschen Palmen verziert. Konrad und ich wollten natürlich wissen, was die Kiste enthielt, aber Oma Nilpferd wusste es nicht. Das machte mich natürlich nur noch neugieriger, und ich schlug vor, die Kiste zu öffnen. Konrad fand die Idee toll, aber Oma sagte, dass die Kiste nur von demjenigen geöffnet werden dürfe, für den der Inhalt bestimmt ist. Konrad und ich fanden es schade, und wir nörgelten dementsprechend herum. Ob Oma Nilpferd nur genervt war, oder ob sie uns doch nur einen Gefallen tun wollte, kann ich nicht sagen, aber sie schlug uns vor, bei der Übergabe der Kiste dabei zu sein, also, würden wir ja sehen, was sich darin befand.

„Zeit, wieder an Deck zu gehen, Kinder." Oma wartete keine Antwort ab, sondern ging voran und schaute nur einmal kurz zu uns zurück, um sicher zu gehen, dass wir ihr auch folgten.

Ich war gerade dabei, meine Jacke wieder auszuziehen, als Oma Konrad und mich aufforderte, zusätzlich noch Schal und Mütze anzuziehen. Wir wunderten uns, aber wir gehorchten.

Oma Nilpferd lächelte. „Wenn wir wieder an Deck sind, werdet ihr es verstehen."

Sie öffnete die Tür zum Deck, und ich war sofort geblendet. Konrad hielt sich sogar die Augen zu.

„Warum ist es nur so hell?", fragte er.

„Und es ist so... kalt!", stellte ich fest.

Als unsere Augen sich an die Helligkeit gewöhnt hatten, staunten Konrad und ich nicht schlecht! Da waren riesige weiße Berge um uns herum, die aus dem Meer herausragten! Die Sonne schien darauf, und es war alles so hell. Oma erklärte uns, dass das Eisberge waren, gefrorenes Wasser."

„Hahaha, ihr wusstet nicht, was Eis ist", amüsiert sich Paulinchen.

„Naja, wir hatten vorher noch nie Eis gesehen", erklärt Papa.

„Also, gab es noch keine Eisdielen mit leckerem Kokos- und Mangoeis, als du klein warst?" Paulinchen ist schockiert.

„Nein, Eisdielen gab es erst in unserer Gegend, als Erik Eisbär die Idee dazu hatte", sagt Papa.

„Na, da bin ich aber erst recht froh, dass wir Erik Eisbär kennen", sagt Paulinchen erleichtert.

„Wir fuhren eine Weile durch die Eisberge", fährt Papa Nilpferd mit der Geschichte fort. „Dann kamen wir endlich an. Überall war Eis und Schnee; Schnee kannten Konrad und ich auch nicht, und Oma Nilpferd zeigte uns, wie wir mit dem Schnee Figuren bauen konnten. Das fanden wir super! Nachdem wir ein bisschen im Schnee gespielt hatten, sahen wir einen sehr großen Eisbären auf uns zukommen. Es war Eriks Vater, Erwin Eisbär. Er begrüßte Oma Nilpferd herzlich, dann begrüßte er auch uns."

„Hast du Erik da zum ersten Mal gesehen?", will Paulinchen wissen.

„Erwin war alleine zu uns gekommen", sagt Papa. „Nachdem wir alle Hallo gesagt hatten, ging Oma zurück zum Containerschiff und kam mit der hübschen Kiste zurück."

„Endlich!", ruft Paulinchen. „Das Geheimnis der Kiste wird gelüftet."

„Ich muss dich leider enttäuschen, Erwin hat die Kiste nicht geöffnet."

„Wieso nicht?" Paulinchen ist etwas enttäuscht. „Aber, Papa, das Geheimnis wurde doch irgendwann gelüftet, oder?"

„Aber ja, keine Sorge", beruhigt Papa sie.

„Wir folgten Erwin zu einem schönen lilafarbenen Schloß. Dort, im großen Schlosssaal, lernte ich dann endlich Erik kennen. Konrad und ich freundeten uns sofort mit ihm an und spielten ein wenig zusammen, solange die Erwachsenen etwas besprachen. Dann rief Erwin uns zu sich und sprach: „Lieber Erik, liebe neue Freunde von Erik, die Zeit ist gekommen! Heute ist der Tag, an dem der König ein wertvolles Geschenk an einen von euch überreicht."

Wir waren sehr überrascht, dass einer von uns etwas tolles vom König bekommen sollte, und wir freuten uns sehr.

Erwin fuhr fort: „Damals stand ich mit Norma vor dem König, er erwählte sie und gab ihr das wertvolle Geschenk. Norma und ich sind immer noch befreundet, was mich sehr freut."

„Wer ist denn Norma?", will Paulinchen wissen.

„Das ist der Name von Oma Nilpferd", erklärt Papa.

„Oh, ich wußte nicht, dass Oma einen so schönen Namen hat", freut sich Paulinchen.

„Worum es nun tatsächlich ging, wussten wir Kinder gar nicht, wir waren nur allesamt neugierig, welches Geschenk der König einem von uns geben würde", erzählt Papa weiter. „Der König sollte eigentlich kommen, aber er tauchte einfach nicht auf; wir warteten schon so lange.

Erwin schlug vor, ihn zu suchen. Wir gingen durch das Schloss, aber wir konnten ihn nicht finden. Aber dafür fand uns der Sekretär des Königs, Walter Walross, der uns ebenfalls schon suchte. Er erklärte uns, dass der König aufgehalten wurde und nicht kommen kann.

Als Erwin und Oma vorschlugen, auf ihn zu warten, sagte Walter, dass der König mit dem königlichen

Schiff unterwegs sei und erst in vielen Wochen wiederkäme. Erik, Konrad und ich wurden sehr traurig, da wir jetzt wohl nicht das wertvolle Geschenk sehen würden, denn soviel Zeit hatten wir nicht.

Aber Erwin sagte plötzlich: „Wir brauchen einen Ersatzkönig!" Alle starrten ihn an, dann stimmten wir alle zu. Die Frage war nur, wer dafür in Frage käme.

„Es gibt jemanden, der uns helfen kann", sagte Erwin. „Ihr Name ist Wendy Wal."

Wir gingen zum Hafen. Neben unserem Containerschiff war ein riesiger Wal, der bereits auf uns wartete. Es war Wendy. Sie sagte, sie hätte bereits mitbekommen, was los sei und würde nun auf der Stelle jemanden zum Eiskönig ernennen, damit wir die Geschenk-Zeremonie abhalten könnten.

„Wir müssen uns beeilen", sagte sie. „Die Geschenk-Übergabe muss bald stattfinden. Stellt euch alle in einer Reihe auf."

Oma, Erik und Walter stellten sich nebeneinander hin, wir Kinder standen hinter ihnen. „Ich werde gleich einen großen Wassertropfen ganz hoch nach oben pusten, er wird in der Luft gefrieren und in die Arme des zukünftigen Eiskönigs fallen", sagte Wendy. Sie nahm tief Luft und pustete einen großen Tropfen hoch in die Luft. Wir warteten alle gespannt. Und plötzlich sahen wir den glitzernden, bereits gefrorenen Tropfen nach unten sausen. Jeder blieb auf seinem Platz stehen, und wir waren alle sehr gespannt. Der Tropfen kam schneller nach unten, und fast sah es so aus, als fiele er auf Erwin Eisbär, aber der Tropfen schwang zur Seite weg und fiel mir in die Arme."

„Waaas?!" Paulinchen reißt die Augen auf. „Willst du mir etwa sagen, dass ..."

„Ja, Paulinchen, ich wurde zum Eiskönig gewählt", sagt Papa Nilpferd.

„Das ist ja toll! Sowas Aufregendes habe ich ja noch nie gehört! Mein Papa war ein König!"

Papa Nilpferd lächelt. „Ja, ich wurde auf einmal der Eiskönig! Aber ich wusste nicht, was ich zu tun hatte. Walter gab mir die geheimnisvolle Kiste in die Hand und sagte, ich dürfe sie öffnen, da ich ja nun der König sei. Alle standen um mich herum, und ich war so stolz, dass ich die Kiste öffnen durfte. Doch als ich das tat, sah ich nur eine komische Zwiebel darin."

„Eine Zwiebel", wiederholt Paulinchen enttäuscht. „Die ganze spannende Geschichte, und da ist nur irgendeine Zwiebel in der geheimnisvollen Kiste drin?"

„Nicht irgendeine Zwiebel", sagt Papa. „Es war eine Blumenzwiebel. Und nun musste ich herausfinden, ob ich sie Konrad oder Erik geben sollte."

„War die Entscheidung schwer? Ich könnte mich für keinen meiner Freunde entscheiden", gibt Paulinchen zu.

„Ich mußte mich nicht entscheiden", sagt Papa, „die Blumenzwiebel traf die Entscheidung selbst; sie leuchtete auf und flog auf Erik zu.

Erik sagte, er verstehe nun, was er mit der Blumenzwiebel machen soll, nun da sie ihn erwählt hatte, und ging einfach drauf los. Wir folgten ihm alle und kamen an einem großen Treibhaus an, wo es viele wunderschöne Blumen, Sträucher und Bäume gab. Erik suchte eine geeignete Stelle, grub ein Loch in die Erde; setzte die Blumenzwiebel darin ein und goss sie.

„Das wird die neue Freundschaftsblume unserer Länder", rief er sehr weise, und sah mich an. „Nimm die leere Kiste mit, und wenn die Zeit gekommen ist, lege eine Blumenzwiebel hinein, erwähle ein oder zwei Kinder und komme wieder hierher, ohne ihnen zu sagen, was sich in der Kiste befindet."

Dann ging er zu einem wunderschönen Baum, kniete davor und hob etwas auf. Er kam auf mich zu und drückte es mir in die Hand.

„Das ist der Samen eines großartigen Baumes", sagte er zu mir. „Dir als Eiskönig gebührt ein Geschenk, das dich ein Leben lang glücklich machen soll. Pflanze diesen Samen ein, wenn du Zuhause bist, und daraus wird ein wunderschöner Baum wachsen, der dir für immer Schutz bieten wird und dich daran erinnert, dass du der Eiskönig bist."

Paulinchen dreht sich zum großen Baum um und sieht ihren Papa fragend an.

„Ja, mein Schatz, das ist der Baum, der aus dem Samen wuchs."

„Bist du denn Eiskönig geblieben?", fragt Paulinchen mit großen Augen.

„Ja, das bin ich", sagt Papa Nilpferd. „Und jetzt gehen wir zusammen ein Eis essen, meine kleine Eisprinzessin."

Die Hamburgerin Anna Käselau schreibt und zeichnet schon seit ihren frühsten Kinderjahren.
Auch als Medizinerin findet sie Zeit, Geschichten für Kinder, aber auch für Erwachsene zu schreiben. Die Paulinchen Nilpferd Reihe erfreut sich sehr großer Beliebtheit.

Bild: Anna Käselau

Mieze Minka
Danielle A. Patricks

Regen prasselte an die Fensterscheiben. Der Sturm wirbelte die Wassertropfen vor sich her, bis sie irgendwo dagegen platschten. Gelangweilt kniete ich auf der Eckbank aus massivem, dunkel gebeiztem Eichenholz, in der alten großen Stube meiner Großeltern. Mit den Ellenbogen stützte ich mich ab und lehnte mich gegen die Fensterscheibe. Die Tropfen, die an die Scheiben klatschten, vereinten sich mit den anderen und rannen als Rinnsal entlang der Holzrahmen hinunter. Mit dem Zeigefinger zeichnete ich auf die angelaufenen Scheiben kleine Figuren. Die Fenster waren nicht sonderlich groß und ein Kreuz teilte die Scheiben in vier gleich große Flächen. Oma bückte sich und fütterte den Tischherd mit Holz. Die Flammen prasselten auf. Eine wohlige Wärme breitete sich innerhalb der alten Wände aus, die zur Hälfte aus massivem Holz und zur anderen Hälfte aus Ziegeln bestanden. Die Suppe köchelte am Herd vor sich hin und im Rohr brutzelte ein leckeres Hühnchen.

Zu gerne wäre ich jetzt draußen herumgetollt. Pfützenspringen war einfach zu lustig. Leider hing ein kräftiges Gewitter über uns. Donner und Blitz erschreckten mich. So blieb ich brav im Trockenen.

„Oma, weißt du, wo Schnurli ist?" Mir fehlte meine Katze.

„Nein, die wird sich wohl irgendwo ins Trockene geflüchtet haben", antwortete Oma, ohne ihre Arbeit zu unterbrechen.

„Wo ist denn Opa?"

„Er ist unterwegs, um eine Milchkuh zu kaufen. Aber das weißt du ja. Schließlich fragst du mich das jetzt schon zum hundertsten Male."

„Aber er ist schon so lange weg." Meine schlechte Laune verstärkte sich.

„Das dauert eben seine Zeit. Vor Mitternacht rechne ich nicht damit, dass er es nach Hause schafft. Ist ein weiter Fußmarsch. Warum setzt du dich nicht hin, nimmst dir ein Blatt Papier aus der Tischlade und die Farbstifte und malst etwas?"

„Keine Lust", meckerte ich. „Wann kommt Mama?"

„Am Abend, wie immer."

„Und Papa?"

„Auch!"

„Wieso arbeiten sie denn? Sie könnten doch auch hier am Hof leben, so wie du und Opa?"

„Leider geht das nicht, meine Kleine. Schließlich müssen sie Geld verdienen, damit ihr bald in das Haus ziehen könnt, dass Papa und Mama bauen." Omas Stimme klang schon leicht genervt.

Das verstand ich nicht. Ich brauchte kein Geld. Und das Haus, das meine Eltern gerade bauten, gefiel mir gar nicht. Da waren ja nur rote Wände aus Ziegeln und Dach war auch keines drauf. Außerdem hatten meine Eltern keine Zeit für mich. Ständig mussten sie arbeiten. Ich sah sie kaum noch. Und Opa? Der hat mich auch nicht mitgenommen! Dabei wäre ich so gerne mit ihm auf Wanderschaft gegangen. Mit einem: „Das ist zu weit für dich", war er fortmarschiert. Ob er auch dieses Mal wieder eine Kuh oder ein Kälbchen mit nach Hause brachte? Neugierig lugte ich aus dem Fenster.

Langsam zogen die Gewitterwolken weiter. Der Regen ließ nach. Ich schlüpfte in meine Gummistiefel und zog mir den Regenmantel über. Ungestüm lief ich ins Freie. Es donnerte nur mehr ganz leise und weit weg. Aber um Opa sorgte ich mich schon ein bisschen. Ich hatte ihm versprochen, während seiner Abwesenheit, auf unsere Tiere am Hof achtzugeben. Viele waren es ja nicht. Unser Pferd namens Gretl, die Kühe Rosa und Liesl, die uns ihre schmackhafte Milch schenkten und das Schweinchen ohne Namen. An das alte Stallgebäude grenzte ein Holzverschlag, in dem auch noch drei Hasen, in kleinen Käfigen, untergebracht waren. Sie hatten trotzdem genügend Platz. Hin und wieder bekam eine der Häsinnen Junge. Aber irgendwie verschwanden die alle. Oma konnte sich das auch nicht erklären. Ich lief in den Stall, um die Gretl, Rosa und Liesl zu besuchen. Die Kühe kauten Heu und starrten mich aus ihren dunklen Kugelaugen gelangweilt an. Gretl blies durch ihre Nüstern und machte ein merkwürdiges Geräusch, so als wollte sie sagen: „Wo warst du denn?"

Ich griff in meine Hosentasche und fischte ein Stück Würfelzucker heraus, das ich mir noch schnell geschnappt hatte. Vorsichtig nahm sie es mir mit ihren weichen Lippen aus der flachen Hand. Es kitzelte und ich musste lachen. Ich holte den Striegel aus der Ecke, wo auch die Gabel sowie der Krampen gelagert waren. Während ich Gretl am Rücken mit der einen Hand streichelte, striegelte ich im selben Tempo abwechselnd mit der anderen Hand ihr Fell. Sie warf den Kopf zurück, wieherte kurz. Das sollte wohl als Zustimmung gelten. Sie genoss dieses Prozedere. Ich musste die Hände nach oben strecken, um auch am Rückgrat entlang, das Fell bürsten zu können. Meine Größe entsprach nicht unbedingt meinem Alter von fünf Jahren. Ich stand daher teilweise auf Zehenspitzen, um alle Stellen am Rücken zu erreichen. Gretl stellte die Ohren auf und ließ ein zufriedenes Abschnauben hören. Danach erklang ein leises Prusten. Dies war ein sichtliches Zeichen, dass sie sich wohlfühlte. Weil mir dies gefiel, intensivierte ich meine Streicheleinheiten und das Striegeln. Schließlich verdiente Gretl diese Aufmerksamkeiten, musste sie doch immer am Hof arbeiten und die schweren Lasten ziehen. Die Kühe kauten und mummelten unterdessen am Heu. Knapp unterhalb der Stalldecke hatte Großvater einst ein Brett fixiert, damit Schwalben einziehen konnten. Man glaubte daran, dass diese Vögel Glück brachten. Ein Nest klebte nun neben dem anderen. Die Jungen waren vor kurzem geschlüpft. Das war ein lustiges Gezirp. Total süß fand ich, wenn die gelben Schnäbel auftauchten, weil wieder ein Elternteil mit Essen angeflogen kam. Die hatten übrigens ganz schön viel zu tun, um ihre Brut satt zu bekommen.

Als ich später in die Stube kam, war Katze Schnurli noch immer nicht aufgetaucht. Auch im Stall war sie nicht gewesen. Die Angst, ihr könnte etwas zugestoßen sein, stieg. Überall in den Gebäuden und

Schuppen sah ich nach und rief laut ihren Namen. Wenn sie auch bei den Erwachsenen nicht darauf reagierte, tat sie dies in der Regel bei mir. Dies war nun bereits der dritte Tag, an dem sie verschollen blieb. Am Boden zerstört und tief traurig, begann ich zu weinen. Dicke Tränen kullerten über meine Wangen. Mürrisch wischte ich mir mit dem Jackenärmel übers Gesicht. Da fiel mir ein, wo ich noch nicht nachgesehen hatte.

Meine Großeltern hatten es mir zwar verboten, alleine die Leiter hinaufzuklettern. Aber das war ja eine wirkliche Notsituation. Also erklomm ich die Leiter zum Heuboden, wo das trockene Futter, Heu für die Kühe gelagert wurde. Hier oben duftete es herrlich. Ich liebte diesen Ort. Oft ließ ich mich einfach nach hinten in das weiche Heu fallen. Heute jedoch nicht. Das trockene Heu wurde mittels Gebläse auf den sogenannten Heuboden befördert. Dadurch bildeten sich Hügel. Bevor wieder neues Futter nach oben geblasen wurde, stiegen Opa und Oma hoch, um das Heu auseinanderzuziehen, um so mehr Platz zu schaffen. Meine Suche begann ich auf der linken Seite. Wurde jedoch nicht fündig. Schnell kraxelte ich auf der gegenüberliegenden Seite am Heu hoch. Immer wieder rief ich nach Schnurli.

Als ich bereits aufgeben wollte, hörte ich ein leises Miauen. Nochmals rief ich laut: „Schnurli!" Und da war sie. Sie kämpfte sich zu mir durch. Seitlich an der Dachschräge hatte sie ins Heu ein Nest gebaut, ausgepolstert mit ihren eigenen Haaren. Drei Junge lagen darin. Fast nackt, nur ansatzweise erkannte man die spätere Fellfarbe, und noch völlig blind. Schnurli mauzte mich an und legte sich wieder auf ihre Jungen, um sie zu wärmen. Das Nest befand sich in einer Vertiefung direkt am Holzbalken des Dachstuhles, sodass ich nicht dazukam. Schnell kletterte ich wieder hinunter und lief zu meiner Oma, um ihr die Neuigkeit zu erzählen. Ich hüpfte vor Freude auf und ab und die Worte überschlugen sich, als ich ihr von meiner Entdeckung berichtete. Großmutter gab mir eine Schale mit Milch. Vorsichtig, um ja nichts zu verschütten, kraxelte ich wieder hoch in den Stadl. Schnurli dankte es mir, indem sie mir das Gesicht abschleckte. Ui, Oma hätte das nicht sehen dürfen. Aber ich liebte es. Und Schnurli auch. Gierig fraß sie. Kein Wunder, ausgehungert wie sie war. Unsere Katzen am Hof ernährten sich eigentlich von den Mäusen, die sie fingen. Und nach dem Melken bekamen sie von Oma immer etwas frische Milch mit Wasser verdünnt. Auch fielen für sie hin und wieder Essensreste ab. Oma würde ich später noch bitten, mir für Schnurli ein Stückchen Brathühnchen zu geben. Schließlich konnte sie ihre Jungen jetzt nicht alleine lassen, um auf Mäusefang zu gehen.

Opa konnte ich diese Neuigkeit an diesem Abend nicht mehr erzählen, weil er noch nicht zurück war, als ich von meinen Eltern abgeholt wurde. Die ganze Wegstrecke nach Hause quasselte ich ununterbrochen von Schnurli und ihren niedlichen Kätzchen. Die Tage verstrichen, aber es verging kein einziger, an dem ich nicht nach den Katzen sah. Nach einer gewissen Zeit traute sich Schnurli mit ihren drei Jungen vom

Heuboden herunter. Sie stellte sie uns ganz offiziell vor. So war mein Eindruck. Ich fand sie einfach alle zum Knuddeln, zuckersüß. Eines trug ein grau-meliertes Fell, das andere Kätzchen war weiß und nur die Ohren und der Schwanz waren grau eingefärbt und das Fell des dritten Kätzchens leuchtete dreifärbig in den Farben rot, grau und weiß. Es war eine sogenannte Glückskatze. An einem Morgen tauchte nun Schnurli nur mehr mit einem Kätzchen auf. Total verzweifelt rief und suchte ich die anderen.

„Oma, Oma, wo sind denn die Kätzchen?", schluchzte ich und zog an ihrer Schürze. „Oma, komm doch, hilf mir beim Suchen", bettelte ich. Sie nahm mich in den Arm und versuchte mich zu trösten.

„Es schleicht seit Tagen ein fremder Kater hier herum. Er wird sie abgebissen haben", erklärte sie.

Geschockt sah ich sie an. „Aber warum denn, warum sind Kater so böse?"

„So ist die Natur eben. Sie wollen mit Schnurli eine neue Familie und eigene Jungen haben."

Zur damaligen Zeit, wie auch manches Mal heute noch auf Bauernhöfen, führten Katzen ein karges Leben. Im Vergleich werden Wohnungskatzen verwöhnt, bekommen eigenes Futter und haben sogar ein Katzenklo. Viele überlebten die ersten Monate nicht. Sei es, dass sie von streunenden Katern abgebissen wurden oder weil die Bauern sie töteten, um die Anzahl gering zu halten. Das Kastrieren oder Sterilisieren war nicht üblich. Das alles wusste ich damals in meinem unbeschwerten Dasein noch nicht.

Ab da durften Schnurli und Minka, so taufte ich das dreifärbige Kätzchen, in der Kammer, neben der Stube schlafen. In einen geflochtenen Weidenkorb legte ich Stroh und darüber einen alten Stofffetzen, damit das Bett schön weich war. Den Katzen gefiel es. Minka entwickelte sich zu einem frechen, aberwitzigen Geschöpf. Sogar meine Großeltern, vor allem Opa, wickelte sie im wahrsten Sinne des Wortes, um den Finger – na ja, bei Katzen sollte es wohl, um die Pfote heißen. Sie genoss es sogar, wenn ich sie in den alten Kinderwagen bettete und mit ihr spazieren fuhr. Oft sorgten wir deswegen für Gelächter, wenn neugierige Blicke in den Wagen geworfen und diese mit einem lauten Schnurren belohnt wurden. Auch bei den Heuarbeiten auf der Wiese begleitete sie uns. Sie jagte den Insekten nach, aber auch den langen Grashalmen, die ich spielerisch vor ihrer Nase tanzen ließ. Sie sprang unserer Gretl zwischen den Beinen herum, kraxelte auf die Apfelbäume und wenn sie ganz lustig drauf war, versteckte sie sich unter Omas langen weiten Rock, indem sie am Stoff hochkletterte. Oft dauerte es etwas bis Oma, abgelenkt durch die schwere Arbeit, sie bemerkte. Meist entkam Oma ein lauter Schrei. Das war das untrügliche Zeichen für Minka, sich wieder aus dem Staub zu machen. Opa und mir rannen vor Lachen die Tränen über die Wangen. Währenddessen flitzte Minka mit fliegendem Schwanz über die Wiese. In sicherer Entfernung ließ sie sich auf den Boden fallen.

Minka und ich erfanden tolle Spiele. So gab sie einen super Tormann ab. Ehrlich! Warf ich ihr einen Ball zu, natürlich einen kleinen Stoffball, fing sie ihn aus der Luft ab. Sie besaß eine enorme Sprungkraft. Wenn sie spielen wollte, nahm sie den Ball zwischen die Zähne und legte ihn mir vor die Füße. Oder sie raufte mit ihm, indem sie ihn mit den Vorderpfoten festhielt und mit den Hinterpfoten bekämpfte. Opa meinte, dass wir auch im Zirkus auftreten hätten können. Und Schnurli hielt immer ein wachsames Auge auf ihre Tochter, bis sie selbst wieder einen dicken Bauch bekam. Ab da zog sie sich von der Mutterrolle zurück und überließ Minka sich selbst. Jeden Tag gab es Neues für uns zu erleben. Irgendwann verliebte sich Minka in Nachbars Kater. Wenn er in ihrer Nähe auftauchte, war ich Luft für sie.

Das änderte sich, als sie selbst ihre ersten Jungen bekam. Sie hatte sich dafür den Kleiderschrank meiner Oma ausgesucht. Ich flehte und bettelte Oma und Opa an, Minka mit ihren Jungen im Haus zu lassen, um sie zu beschützen. Weil die beiden mir keine Bitte abschlagen konnten, wuchsen die beiden Kätzchen behütet auf. Ab und zu durfte ich sogar bei meinen Großeltern übernachten. Am liebsten hätte ich die Kleinen keine Sekunde aus den Augen gelassen. Als sie einige Wochen alt waren, fanden sie bei guten Freunden meiner Eltern ein neues Zuhause. Zuerst wollte ich sie nicht hergeben. Ich trennte mich sehr schwer von ihnen. Nur mit dem Versprechen, dass wir die Kätzchen oft besuchen würden, willigte ich ein. Minka durfte dafür mit in unser neues Haus ziehen. Solange hatte ich gequengelt und gebettelt, bis meine Eltern zustimmten. Mama brachte Minka sogar zu einem Tierarzt, damit dieser sie sterilisierte. Noch mehr Katzen wollte sie nicht. Aber Minka begleitete mich viele glückliche Jahre meiner Kindheit.

Und Schnurli? Ebenfalls sterilisiert beglückte sie noch viele Jahre meine Großeltern als fleißige Mäusefängerin und absolute Schmusekatze.

Danielle A. Patricks ist das Pseudonym einer aus Österreich stammenden Autorin. Sie lebt mit ihrer Familie in der Weststeiermark. Ihre Liebesgeschichten sind Geschichten, die aus dem Leben gegriffen sind und fürs Herz. Vor drei Jahren hat sie ihren ersten Roman veröffentlicht und seither gehört das Schreiben der *Herzgeschichten* als wichtiger Bestandteil zu ihrem Leben.

Bild: Johanna, 9 Jahre – Titel: Die Katze Molly

Mein Held
Uwe Tiedje

Wann immer ich an ihn denke, erfüllt mich eine Leere, die sich durch nichts auffüllen lässt. Diese eine Stelle, die immer ihm gehörte, ist heute leer und wird für immer leer bleiben.

Als Kinder bekamen wir ihn kaum einmal zu Gesicht. Als LKW-Fahrer war er Tag ein Tag aus unterwegs auf den Straßen. Sein Tag begann mit dem Läuten des Weckers um drei Uhr in der Früh und endete abends gegen 23 Uhr. Immer wenn er heimkam, schliefen wir Kinder längst. Aber er kam wenigstens jeden Tag nach Haus, nicht wie andere, die fern von Frau und Kindern wochenlang auf den Straßen unterwegs waren.

Uns gehörte sein Wochenende, das meist am Samstagnachmittag begann. Er spielte mit uns, tobte mit uns herum oder nahm uns einfach nur mit auf den damals obligatorischen Sonntagsspaziergang. Natürlich alle mit Schlips und Anzug. Wir Kinder auch, meine zwei Brüder und ich. Mutter in ihrem Sonntagskleid.

Wir zwei Jungs wuchsen heran, der dritte Bruder war uns acht Jahre voraus, deshalb zähle ich ihn an dieser Stelle nicht mit.

Als ich 11 war, in jenem heißen Sommer 1971, fragte er mich zum ersten Mal, ob ich in den Sommerferien Lust hätte, für eine Weile mit ihm in seinem LKW über die Straßen zu fahren. Ich sagte ja und war mächtig stolz, dass er gerade mich fragte, ob ich ihn begleiten würde.

Zum ersten Mal fühlte ich bei ihm die Einsamkeit, die er Tag für Tag geduldig ertrug, als er mir bei dieser Frage in die Augen schaute. Der Ausdruck in ihnen war voller Hoffnung, dass ich ja sagen würde. Als ich es dann tat, strahlte er über das ganze Gesicht. Nie zuvor hatte ich solch einen glücklichen Ausdruck bei ihm wahrgenommen.

Als ich meine Mutter einmal darauf ansprach, lächelte sie.

»Das liegt daran, dass du ihm so ähnlich bist. Er liebt deine Brüder genau wie dich, nur auf eine andere Art. Zwischen euch beiden ist es etwas ganz Besonderes.«

So begleitete ich ihn in diesen Ferien. Tag für Tag saß ich neben ihm auf dem Beifahrersitz, wenn er Richtung Bremen fuhr. Das war seine übliche Tour. Einen Tag laden in Bremen, abends nach Hause. Am nächsten Tag alles in Braunschweig und Umgebung ausladen. Und am dritten Tag begann alles von vorn.

Manche mögen denken, das muss doch langweilig sein. Aber für mich war es das nicht. Für mich war es ein Abenteuer.

Meine kleine Welt erweiterte sich von heute auf morgen gewaltig. Von dem eingegrenzten Bereich der paar Blocks rund um unsere Wohnung, die ich allein erkunden durfte, hin zu Autobahnen und riesigen Städten wie Bremen oder Braunschweig.

So kamen sie mir damals zumindest vor, wie riesengroße Ansammlungen von Menschen und

Häusern. Dazu der phantastische Hafen von Bremen mit den vielen Schiffen. Da wurden Kisten, Säcke mit Kaffee und die unterschiedlichsten Güter verladen und es lag ein Geruch in der Luft, der eine Ahnung und Träume von den Orten zuließ, zu denen diese Schiffe fahren würden.

Dazu kam das große Sammellager der Bremer Spedition, in dem der LKW jeden zweiten Tag geladen wurde. Hier begegneten mir zum ersten Mal Menschen anderer Nationen, aus Frankreich, Dänemark, Spanien, England, Holland und viele mehr. Und natürlich auch deutsche LKW Fahrer.

Die vielen fremden Eindrücke erschlugen mich förmlich und ich glaube heute, damals bekam ich zum ersten Mal eine Vorstellung, wie riesig unsere Welt ist und welche Schönheit, Vielfältigkeit und wie viele Abenteuer da draußen auf mich warteten.

Aber am glücklichsten war ich, wenn wir im LKW saßen und fuhren. Er behandelte mich nie wie einen elfjährigen Jungen. Wenn wir dort zusammen waren, war ich gleichwertig für ihn. Er beantwortete stets geduldig meine Fragen, lachte mich niemals aus, selbst wenn die Frage noch so dumm war, und ließ mich jeden Tag, den wir beisammen waren, spüren, wie glücklich ihn meine Gegenwart machte. Und ich war es auch, glücklich!

In diesen Sommerferien hatte ich ihn täglich für mich, nicht nur den halben Samstag und Sonntag. Es waren meine bisher schönsten Sommerferien, als ich zum ersten Mal jeden Tag bei ihm sein durfte.

Die Jahre vergingen und in jedem Jahr begleitete ich ihn in allen Ferien. Ich legte an Größe und Körperkraft zu und arbeitete täglich mit.

Zu dieser Zeit wurden LKW noch per Sackkarre beladen und die Kisten und Kartons im LKW auf den Boden gestapelt. An Gabelstapler und Paletten war damals kaum zu denken. Natürlich gab es so etwas schon, aber eher selten.

Wenn er mir dabei zusah, wie ich die Kartons in den Lkw fuhr und aufstapelte, spürte ich seinen Blick auf mir und fühlte, wie stolz er auf mich war.

Irgendwann, ich weiß heute nicht mehr, in welchem Jahr, gab es einen Moment, der etwas ganz Besonderes war und der mir in Erinnerung geblieben ist. Er sah meine Mutter an und sagte: »Gib dem Jungen 5 Mark, er hat es sich verdient. Er arbeitet jeden Tag genau so hart wie ich.«

Ich war so unheimlich stolz auf diese Worte und auf meine 5 Mark!

Dazu muss man wissen, dass bei uns das Geld immer knapp war. Meine Brüder und ich bekamen kein Taschengeld und diese 5 Mark an sich stellten schon einen besonderen Moment dar. Doch es waren seine Worte, die mich unheimlich stärkten und mein Selbstbewusstsein, das seit Jahren vor sich hin schwächelte, pfeilschnell nach oben jagten.

All die Jahre hat er mich geachtet, geliebt und hat versucht, mir das Gefühl zu geben, etwas Besonderes zu sein. Denn für ihn war ich das.

Danach folgten Jahre, in denen es andere, neue Dinge gab, die mich interessierten und hinderten, ihn weiter in den Ferien zu begleiten. Doch obwohl dieser gemeinsame Teil für uns beide verloren war, blieb unser Verhältnis das Gleiche.

Am Tage meiner Konfirmation sagte er mir etwas, was er meinen Brüdern nie erlaubt hatte.

»Du bist jetzt alt genug. Von heute an kannst du wegbleiben, so lange du willst. Es gibt nur eines, was ich von dir verlange. Wenn du später als 19 Uhr nach Hause kommst, ruf an und sag uns, wo du bist. Und ich möchte nicht, dass du durch das spätere Heimkommen schlechter in der Schule wirst. Ansonsten kannst du tun und lassen, was du willst.«

Wie viel Vertrauen zu mir lag in diesen wenigen Sätzen?

Ich kannte aus den Erzählungen meiner Freunde deren Probleme mit ihren Eltern, weil die ihnen nicht genug Vertrauen entgegenbrachten.

Und dieser Mann stellte sich hin und sagte mir so etwas! Ich war fassungslos, glücklich, unheimlich stolz und ich liebte diesen Mann mehr als jeden anderen Menschen auf der Welt.

Zwei Jahre später begann ich meine Lehre als Zimmermann in der gleichen Firma, in der er mittlerweile LKW fuhr und Holz auslieferte. Das war sein Entgegenkommen gegenüber meiner Mutter, die er bedingungslos liebte und deren Bitte, öfter zu Hause zu sein, er vor einiger Zeit nachgekommen war.

So verbrachten wir immerhin einmal wieder etwas Zeit miteinander. Zwar nur auf der täglichen Fahrt zur Arbeit und zurück, aber besser als nichts.

Er fragte mich nie, wie mir die Arbeit gefiel oder wie ich abends meine Freizeit verbrachte. Das musste er auch nicht. Ich erzählte es ihm freiwillig. Das Vertrauen, dass er mir stets entgegenbrachte, zahlte ich ihm hunderte Mal zurück. Heute weiß ich, dass er ein sehr weiser Mann war.

Und so lief die Zeit immer weiter, die Jahre vergingen. Irgendwann hatte ich, noch sehr jung, selbst Frau und Kind. Wir waren beide beschäftigt, jeder für sich mit seinem Alltag und den täglichen Herausforderungen und Sorgen und so merkten wir nicht, wie uns die Zeit weglief.

Er wurde krank, konnte nicht mehr arbeiten. Und es kam der Tag, an dem ich die Wahrheit erfuhr von meiner Mutter.

»Setz dich, ich habe dir etwas zu sagen«, begann sie. Ich sah ihr an, wie schwer ihr das Sprechen fiel und ahnte, dass mir das, was jetzt gleich kam, nicht gefallen würde. Aber auf das, was sie dann sagte, war ich überhaupt nicht vorbereitet.

»Du weißt ja, dass dein Vater krank ist. Es ist viel schlimmer, als wir anfangs dachten. Er wird sterben, er hat vielleicht noch zwei Jahre.«

Hemmungslos begann sie zu weinen. Völlig geschockt von dem eben Gehörten nahm ich sie wortlos in den Arm und hielt sie fest.

Ich konnte es nicht glauben. Dieser starke Mann, mit dem ich einige Jahre zusammengearbeitet hatte, sollte einfach so sterben? Mit dreiundfünfzig Jahren war er doch noch gar nicht so alt.

Nach und nach erfasste ich, was das für mich bedeutete. Er würde nicht mehr jeden Tag auf seinem Sofa sitzen, mit mir lachen und sprechen. Ich würde ihn nie wieder um seinen Rat fragen können, ihm nie wieder von meinen Erlebnissen berichten können. Nie wieder würde ich ihn berühren und umarmen können. Er wäre von einem Tag auf den anderen einfach weg, nicht mehr da.

Wie oft hatten wir in den letzten Wochen und Monaten gestritten, weil er zum ersten Mal mit den Dingen, die ich tat, nicht einverstanden war. Weil ich es auf meine Art tat und nicht auf seine. Wir waren uns ähnlich, sehr ähnlich, aber niemals sind zwei Menschen völlig gleich. Ich vertrat die Meinung, dass ich manche Dinge nur auf meine Weise tun könne.

Aber trotz aller Streitereien liebte ich ihn doch und wie hatten wir wegen unsinnigem Streit unsere gemeinsame Zeit verschwendet. Das machte mich auf mich selbst wütend.

Meine weinende Mutter im Arm haltend, war ich selbst nicht fähig zu weinen, um den Mann, der mir doch alles bedeutete.

Etwas über ein Jahr später kam ich nach Haus und wurde von meinem weinenden Bruder erwartet. Er sagte kein Wort, musste er auch nicht. Wortlos ging ich ins Schlafzimmer meiner Eltern und sah auf ihn hinunter, wie er da lag. Lächelnd, als sei er ganz mit sich und der Welt im Einklang. Ich berührte seine kalte Wange und streichelte sanft darüber. Der Tag, vor dem ich mich gefürchtet hatte, war gekommen.

Nun war ich auf mich allein gestellt. Das Leben zwang mich zu etwas, was ich nie gewollt und angestrebt hatte. Plötzlich sollte ich seinen Platz einnehmen, musste an seiner Stelle Entscheidungen treffen und seine Familie unterstützen und beschützen.

Meine Mutter verlor sich wie meine beiden Brüder in ihrem Schmerz. Es gab in diesem Moment nur einen, der da war. Denn das war ich ihm schuldig und noch viel, viel mehr.

Einer musste sich zusammenreißen, die Entscheidungen treffen, ihm ein würdiges Begräbnis organisieren.

Aber das wollte ich eigentlich gar nicht. Ich wollte nur allein sein, nichts hören und nichts sehen. Mit ihm und meinen Gedanken an ihn allein sein.

Aber ich riss mich zusammen, nahm all meine Kraft für ihn zusammen. Seit ich ihn im Bett gefunden hatte, weinte ich nicht eine Träne um ihn. Es war nicht die Zeit für Tränen. Da waren noch drei Menschen, die mich brauchten und auf mich vertrauten, die ich liebte.

Und dann war er da, der Tag. Irgendwie lief alles an mir vorbei. Ich hörte nicht die Predigt, bekam den Gang zum Grab nicht mit, hörte nicht die letzten Worte des Pfarrers und bekam nur am Rande mit, dass meine verwirrte Tante statt Erde ihren Regenschirm ins Grab warf.

Meine Gedanken waren die ganze Zeit nur bei einem Menschen. Ich dachte an Dinge, die wir gemeinsam erlebt hatten, durchlebte sie erneut. Die Realität um mich herum war verschwommen, war unwichtig. Nichts war in diesen Momenten wichtig für mich. Für mich waren die Erinnerungen an die vielen Sommer, an die Ferien mit ihm das einzige, was mich auf den Beinen hielt und davon abhielt, wie ein Schlosshund zu heulen und einfach zu laufen. Laufen, laufen, laufen, nur weg von hier.

Doch ich lief nicht. Die Berührung am Arm riss mich aus meinen Gedanken. Meine Mutter stand neben mir und ich sah, dass alle anderen schon zum Ausgang gingen.

»Kommst du auch?«

Ich sah sie an und es dauerte eine Weile, bis ich die Worte heraus bekam.

»Gleich, ich komme gleich. Geh doch schon zu den Anderen. Ich brauche noch ... nur einen Augenblick mit ihm allein, verstehst du?«

Sie nickte, lächelte und ging davon.

Ich sah ihr kurz nach und drehte mich dann zum Grab zurück. So viel wollte ich ihm noch sagen, doch ich brachte kein Wort heraus.

›*Wir sehen uns wieder, irgendwann, da oben, wo die Sterne sind, Papa.*‹

Ich drehte mich fluchtartig um, verließ das Grab und hastete hinter den anderen her, immer noch meinen letzten Gedanken im Sinn.

In dieser Nacht brach es aus mir heraus, der ganze angestaute Schmerz und ich weinte um ihn, bis es hell wurde.

Nie wieder in meinem Leben werde ich solch einem Mann begegnen, wie er es war. Ich werde ihn niemals vergessen, den Mann, den ich auch als Erwachsener immer noch so nannte wie als kleiner Junge - Papa.

Er war für mich, ist es und wird es immer bleiben – mein absoluter, persönlicher Held, der mich auf seine besondere, einzigartige Weise auf das Leben vorbereitet und an es herangeführt hat. Und der mir bedingungslos vertraute.

Uwe Tiedje lebt in Peine. Der Autor hat bereits zwei Fantasy Romane, einen Thriller und einen Gedichtband unter dem Pseudonym John McLane veröffentlicht. Außerdem wirkte er in mehreren Anthologien mit seinen Kurzgeschichten mit.

Bild: Alina, 8 Jahre – Titel: Das Süßigkeitenland

Mein Tag als Achtjähriger
Klaus Pieper

Lieber Emil,

gestern erhielt ich von Deinem Papa eine SMS, ob ich nicht für eure Projektwochen einmal aufschreiben könnte, wie mein Tag als Achtjähriger aussah. Das ist, finde ich, eine tolle Idee und deshalb mache ich es gern.

Wie du gleich hören wirst, bin ich vor 75 Jahren in einer völlig andren Welt und Zeit aufgewachsen. Es war ein schrecklicher Krieg.

Vieles wirst Du Dir wahrscheinlich nur schwer vorstellen können. Aber wir können ja bei unserem nächsten Treffen darüber reden.

Mir hat es Spaß gemacht, mich zu erinnern und es für dich aufzuschreiben.

Liebe Grüße, auch an Mama, Papa und Enno

Dein Opa Klaus

Als ich acht Jahre alt war - 1943 - herrschte in Deutschland und den Nachbarländern Krieg. Wegen der Bombenangriffe auf Braunschweig waren wir zu entfernten Verwandten nach Seesen am Harz „evakuiert". In dem kleinen Haus der Verwandten hatten wir zwei kleine Zimmer, Küche und Badezimmer hatten wir gemeinsam. Unsere Mutter wollte nicht, dass wir oft nächtelang im Bunker oder Luftschutzkeller sitzen sollten – voller Angst wegen der Bomben, die um uns herum einschlugen. Wenige Wochen später wurde unser Haus in Braunschweig durch Brand- und Sprengbomben völlig zerstört. Wie gut, dass wir da schon in Seesen waren. (Du kennst ja unser Haus: da wohnen wir jetzt wieder)

Wir, das waren:
- unsere Mutter, die so alt war wie deine Mama
- meine Schwester Pymphi, die war so alt wie du
- und unser kleiner Bruder Henning; der war so alt wie Enno.

Wahrscheinlich hast du gemerkt, dass der Papa fehlt. Ja, unser Papa war nicht bei uns; er war seit 2 Jahren im Krieg und kam nur alle paar Monate zu Besuch. Weil mein Bruder Henning noch so klein war, als unser Papa Soldat werden musste, war der Papa ihm ganz fremd.

Und so sah mein Tageslauf als Achtjähriger aus:

6.45 Aufstehen und waschen mit kaltem Wasser. Eine Dusche und warmes Wasser aus er Leitung gab es nicht. Frühstück: Haferflocken mit heißer Milch! Esslöffel Lebertran – eklig, aber gesund

7.30 Start zur 2 km entfernten Schule – zu Fuß mit Nachbarkindern, meist mit viel Spaß – wenn es nicht gerade regnete oder schneite oder die Straßen vereist waren.

8.00 Schulbeginn in einer Klasse mit etwa 40 Jungen. Jungen und Mädchen waren in getrennten Klassen – auch auf dem Schulhof. Wir saßen in Bänken

mit Pult hintereinander. Die Lehrerin „Fräulein" Bethmann kam in die Klasse und sagte:
„Aufgestanden – still gestanden - linke Hand an die Hosennaht - rechter Arm erheben!"
Wir schrien: „Heil Hitler". Wenn es nicht laut genug war, alles von vorn.

9.30 Große Pause mit Schulspeisung – meist Milchsuppe. Wir mussten sie auslöffeln.

13.30 Nach Schulschluss gingen wir wieder nach Hause. Nach dem Mittagessen und den Hausaufgaben sammelten wir nachmittags Holz im Wald. Der lag direkt hinter dem Haus. Heizung gab es nicht; die Kohleöfen mussten immer mit Holz gefüttert werden. Ich durfte öfter mit Onkel Opa, so durften wir den alten Verwandten Nennen, Holz sägen - mit der Handsäge. Holz hacken durfte ich nicht.

Wir sammelten auch Pilze, Brombeeren, Himbeeren, Blaubeeren, Hagebutten (für Marmelade) und fanden sogar Patronenhülsen.

Wir halfen im großen Garten: umgraben, harken, Unkraut jäten, Kartoffelkäfer, Raupen, Schnecken sammeln, damit sie uns das Gemüse nicht auffraßen.

Und wir ernteten Kartoffeln, Kohl, Möhren, Tomaten, Gurken, Kürbisse (viel davon gab es nicht zu kaufen). Manchmal klauten wir auf einem Acker Steckrüben. Die waren neben Kartoffeln viele Jahre lang das wichtigste Nahrungsmittel. Auch wenn das alles manchmal lästige Pflichten waren: Wir waren auch stolz darauf als Kinder mithelfen zu können, dass wir alle satt wurden.

Wenn wir nicht arbeiten mussten, spielten wir im nahen Wald: Wir bauten Baumhäuser, Wassermühlen, Staudämme - so hatten wir unseren eigenen kleinen Swimmingpool.

Abends: Nach dem Abendessen spielten wir, bauten mit einem Märklinbaukasten oder unsere Mutter las Geschichten vor. Fernseher oder Computer gab es nicht. Und als Letztes sprachen wir unser Nachtgebet und beteten darum, dass unser Papa gesund aus dem grausamen Krieg zurückkommen möge. Zuletzt sang unsere Mutter ein Gute-Nacht-Lied – z.B. „Die Blümelein sie schlafen." Oder „Abends, wenn ich schlafen geh, 14 Englein um mich stehn ..."

Manchmal flogen über uns Bomben-Geschwader (Flugzeuge mit Bomben), und wir hörten später Einschläge oder sahen einen Feuerschein am Himmel (da wo Braunschweig lag) und fragten uns: Leben unsere Großeltern noch? Steht unser Haus noch?

Wir vermissten unseren Vater nicht besonders. Wir kannten es ja nicht anders. Und bei unseren Mitschülern waren die Väter auch im Krieg an der Front, oder sie waren sogar gefallen.

Ich war der Älteste und sollte immer brav sein und dem Vater im Krieg Ehre machen (zum Beispiel, indem ich mein Fahrrad ordentlich putze). Sie, meine Mutter, habe schon genug zu tragen.

Sie wartete täglich auf "Feldpostbriefe" von meinem Vater. Sie wusste nicht einmal, wo unser Papa war: Denn die Feldpostbriefe wurden von der Wehrmacht kontrolliert, und die Soldaten durften nicht schreiben, wo sie waren, und auch nichts Negatives.

Ein Auto hatten wir nicht. Und Handys gab es noch gar nicht.

P.S.: Mir ist natürlich klar, dass meine Erinnerungen aus „Dichtung und Wahrheit" bestehen oder besser: aus einer Mischung aus tatsächlichen Erinnerungen und unbewusster Ausschmückung.

Wie sagt doch Max Frisch? *Wir erzählen unsere Lebensgeschichte(n) so lange, bis wir sie selber glauben.*

Klaus Pieper, Jahrgang 1935, Braunschweig, Patchworkfamilie mit 5 Kindern und 5 Enkeln. Pfarrer i.R., Dorfpfarrer, Großstadtpfarrer, Krankenhausseelsorger, Schwerpunkt Psychiatrie.

Pilger – mehrfach auf dem Jakobsweg nach Santiago, Traumtherapeut.

Heute: ehrenamtliche Mitarbeit als „offenes Ohr" im Café für und mit psychiatrie-erfahrenen Menschen. Gottesdienste und Seelsorge im Seniorenheim. Urlauberseelsorge auf Amrum und in Südafrika

Barbies weinen nicht ... oder die Mathematik dieses Lebens

Hilde Willes

Lisa war überglücklich, als sie zu Weihnachten ihre erste Barbie bekam. So lange schon wünschte sie sich diese wunderhübsche Puppe mit den superlangen blonden Haaren, die ein leuchtendbuntes Sommerkleid trug. Mitten im Winter!

Außerdem hatte Papa noch einen Gutschein unter den Weihnachtsbaum gelegt, worüber sich Mama ganz besonders freute. Ihre blauen Augen strahlten genauso wie die der Puppe, weil sie im Sommer eine Reise ans Meer machen würden. Ach, dieses schönste Christfest aller Zeiten!

Wenig später, an ihrem Geburtstag, bekam Lisa die nächste Barbie, eine mit schwarzen Locken und echter Jeanshose. Vom Großvater, der manchmal traurig war, weil er so allein lebte in seinem großen Haus. Weit weg in einem Dorf, wo es noch Wiesen gab und ganz viel Wald. Seinen Ofen beheizte er mit Holz, das roch so gut. Aber seitdem Oma gestorben war, sprach er häufig davon, dass ihm alles zu viel würde und überhaupt. Schade, dass man sich nicht öfter besuchen könne.

Der Frühling war noch nicht zu Ende, als in der Nachbarswohnung eine Familie einzog. Ein Mädchen in Lisas Alter gehörte dazu, die Tine. Es dauerte gar nicht lange, da hockten die beiden fast täglich beieinander. Mal spielten sie in diesem und mal in jenem Kinderzimmer, denn draußen war es zu gefährlich für zwei kleine Mädchen. Deswegen durften sie auch nicht zu den Spielplätzen gehen.

„Die sind eh ganz furchtbar schäbig", mahnten die Eltern. Ganz abgesehen vom immensen Verkehr auf dem grauen Asphalt, triebe sich auch allerhand Gesocks in der Gegend herum.

„Das ist absolut tabu für euch zwei, hört ihr!"

Die Eltern schienen sich ebenfalls angefreundet zu haben. In letzter Zeit saßen sie oft des Abends beisammen, und Lisas Mama schwärmte immer wieder, wie sehr sie sich doch aufs Meer freute. Und die Mädchen spielten mit wachsender Begeisterung „Urlaub", klauten heimlich ein Eimerchen voller Sand vom heruntergekommenen Spielplatz und ließen ihre Barbies in der blauen Wäschewanne baden. Ferner fanden sie es hochspannend, dass die Schwarzgelockte mit der Jeans Lisas Mama so ähnelte und die Blonde sah aus wie Tines.

Als der Juni kam, gesellte sich mit Tines Geburtstag noch eine männliche Puppe hinzu. „Schau mal, Lisa! Das ist Ken."

Der sich von nun an zwischen den beiden Barbie-Damen räkelte. Er gab ihnen sogar Namen, Blondie und Blackie. Manchmal saßen sie an der Cocktail-Bar, die Lisas Vater gebaut hatte, und süffelten Caipirinha. Genauso, wie ihre Mütter hin und wieder, wenn sie plaudernd auf dem schmalen Balkon saßen. Lisas Papa hingegen liebte sein Feierabendbier, während der von Tine keinen Alkohol mehr trinken wollte. Vielleicht guckte er deshalb manchmal so komisch drein, weil er stets vor seinem Sprudelwasser saß, während die anderen fröhlich ihre Gläser erhoben.

„Was hat denn dein Vater?", munkelte Lisa, und Tine zuckte mit den Schultern. „Ich weiß nicht!"

„Also mir schmeckt das am besten."

„Mir auch!"

Genau genommen war's ja dieses Sprudelwasser, das sie ihren Puppen als Longdrink verkauften. Caipirinha in echt mochten sie nämlich nicht, hatten sie doch mal verstohlen an den Gläsern ihrer Mütter probiert.

Je näher die Urlaubszeit rückte, desto heißer wurde der Sommer und umso lebendiger das Miteinander beider Familien. Eines Samstagmorgens meinte Lisas Papa sogar, dass er es toll fände, wenn die Nachbarn mitfahren könnten.

„Au ja!", freute sich Lisa und rannte gleich nach nebenan. „Oh, das wär so toll!", jubelte auch Tine. „Dann könnten Blondie und Blackie im echten Meer baden gehen."

„Und Ken auch!"

„Daraus wird nichts", verdarb ihnen Tines Vater die Laune. Aber ihre Mutter zog nur spöttisch die Augenbrauen hoch und schnappte die bereits gepackte Tasche fürs Schwimmbad.

„Kommt Mädels, lasst uns fahren! Es ist so ein schöner Tag!"

Lisas Mama konnte leider auch nicht mitkommen, denn sie arbeitete als Altenpflegerin und hatte ganz oft am Wochenende Dienst. Trotzdem wurde es ein wunder-wunder-wunderschöner Tag. Denn nach dem Schwimmbad bummelten sie noch durch die Stadt und setzten sich unter einen bunten Sonnenschirm, wo es Pizza und Pasta gab. Gleich daneben sprudelte kristallklares Wasser aus einem Brunnen, von gurrenden Tauben umschwirrt. Tines Mama warf eine Münze hinein und rief: „Ich habe mir was gewünscht!" Ihre Augen strahlten so sehr, wie das blonde Haar in der Abendsonne leuchtete, und Lisas Papa bestellte gut gelaunt noch zwei Gläser Wein.

„Der Wunsch ist der Vater des Gedankens (Shakespeare)", hatte Lisas Opa schon oft gesagt. Aber was es bedeutete?

Das schien Tines Vater auch nicht zu wissen. Im Übrigen war der wohl wütend, so wie er anderntags mit einem heftigen Ruck das Wasser in seinem Glas über die Balkonbrüstung kippte, ehe er ging. Lisa und Tine duckten sich und verschwanden im Kinderzimmer, wo sie „Streit" spielten.

Von einen auf den anderen Tag ging der Sommer in trübes Regenwetter über, und überhaupt, irgendwie wurde alles anders. Es gab keine geselligen Abende mehr drüben auf dem Balkon der Nachbarsleute. Tine war krank und Lisa durfte sie nicht besuchen. „Wir wollen doch nicht, dass du dich bei ihr ansteckst!" Mamas Stimme klang tonlos, und so blass, wie sie aussah, hatte es den Anschein, als ginge es ihr auch nicht gut. Abends saß sie einsam vor ihrer Teetasse und starrte auf den Weihnachtsgutschein.

„Mama?"

Nun fing sie an zu weinen.

„Mama?!"

Dann zerriss sie das Bild vom blauen Meer, straffte sich und wischte energisch mit dem Handrücken über ihre Wangen.

„Komm Lisa, lass uns Koffer packen!"

Aber es sollte zum Großvater aufs Land gehen. Die langersehnte Reise ans Meer sei gestorben!

„Mama!"

Lisa klingelte Sturm an der Nachbarstür und endlich ließ man sie ein. Tines Vater hielt ein Fieberthermometer in der Hand und nickte. „Es geht ihr besser, die Temperatur ist runtergegangen."

Aber das Gesicht der Freundin sah immer noch sehr käsig aus. „Meine Mutter ist für ein paar Tage weggefahren", murmelte sie. „Ich versteh nicht, was da los ist. Sie sagte, sie bräuchte Ruhe zum Nachdenken."

„Und wir fahren morgen ohne Papa zum Opa!"

„Was? Nicht ans Meer?"

„Nein! Mama sagt, es sei tot!"

Nun kullerten beiden Mädchen dicke Tränen über die Wangen, und die Barbiepuppen guckten fragend.

„Soll ich dir Blackie dalassen?", schniefte Lisa.

„Ach ... ich würde lieber Blondie behalten."

„Und was machen wir mit Ken?"

Barbie-Mann fuhr mit zum Opa, und Lisas Vater winkte betrübt hinterher. Abends saß das Mädchen traurig in der wunderschönen Gartenlaube, Blackie und Ken vor sich auf dem Tisch. Singende Vögel schwirrten durch die Luft und allen wurde ganz schwindelig vom Duft der Blumen. Opas Kakao schmeckte lecker und zu Frühstück gab es Eier von glücklichen Hühnern. So herrlich könnt's doch sein auf dem Land, sogar die Sonne strahlte wieder, aber das Mädchen wusste nicht, was es spielen sollte. Der alte Mann setzte sich neben seine Enkelin und nahm ihre Hand. „Ich dachte immer, Barbies haben keinen Tränen?"

„Doch Opa, doch!"

Und als auch die Mutter mit ihrer Tasse Kaffee hinzukam, zitierte er ein Sprichwort: *„Können zweie sich vertragen, hat der dritte nichts zu sagen!"*

So ganz verstand Lisa nicht, was er meinte, aber sie putzte ihren Puppen die Gesichter trocken und ließ sie vom frischgebackenen Kirschkuchen probieren.

Mit jedem weiteren Tag gefiel es ihr besser beim Opa. Das alles hier war wie ein riesengroßer Spielplatz, einer, auf dem sie nach Herzenslust umhertollen durfte. Einzig ihren Papa vermisste sie und Tine und Blondie. Deshalb war Lisa auch nicht ganz furchtbar traurig, weil ihre Mutter einige Zeit später alleine nach Hause zurückfahren wollte. Sie versprach ja, bald wiederzukommen, vielleicht sogar mit Papa. Als der Zug nicht mehr zu sehen war, nahm der Großvater sie bei der Hand und sagte: „Komm, mein Kind! Komm und vertrau! Und nun lass uns Trauben pflücken gehen!"

Zuversicht zu empfinden, fiel dem Kind hier auf dem Land immer leichter. Wohin sie auch ging, begegnete ihr ein gutes Gefühl. Sogar, als der Opa mit ihr im großen Bus zum nächsten Ort fuhr, wo er ihr eine Schule zeigte. „Würde es dir gefallen, hier lesen, schreiben und rechnen zu lernen? Noch ist es still, aber bald wird es nur so wimmeln vor lauter fröhlichen Kindern."

Und Lisa nickte.

Doch vorher kam erst noch ein Überraschungsbesuch, Lisas Vater. Er brachte auch jemanden mit.

„Tine!!!" Die Mädchen fielen sich heulend vor Freude in die Arme, und die Männer saßen lange debattierend in der Gartenlaube, während Lisa ihrer Freundin ganz in der Nähe das Flüsschen zeigte. Dort saßen sie versteckt unter den herunterhängenden Zweigen einer Trauerweide und ließen ihre Füße ins Wasser baumeln.

„Mein Vater ist weggezogen", erzählte Tine. „Aber ich besuche ihn manchmal am Wochenende. Mama und ich werden in eine kleinere Wohnung ziehen. Da gibt's sogar einen Spielplatz, wo ich hindarf. Aber so schön wie hier ist es nicht."

„Und ich soll im Nachbarort zur Schule gehen, Tine."

„Verstehst du die Erwachsenen, Lisa?"

„Ich weiß nicht. Aber Opa sagt, man soll vertrauen."

Ratlos schauten sie einander an. Aber dann beschlossen sie, anderntags wiederzukommen und die Puppen im kühlen Wasser baden zu lassen.

Papa musste zu einem Vorstellungsgespräch, überdies danach auch schon wieder nach Hause fahren, und der Opa nahm nun beide Mädchen bei der Hand. Er holte seinen Grill hervor und briet Würstchen. „Der Sommer geht langsam zu Ende", sagte er, bevor er Tine und Lisa ins Haus schickte, damit sie sich wärmere Pullover überzogen. „Aber mit dem Herbst kommen die bunten Farben in die Wälder."

Puppen waren keine echten Menschen, sie fühlten weder Wärme noch Kälte. Darum machte es ihnen auch nichts aus, in den kalten Fluten des Flusses herumzutollen.

„Opa meint, Barbies können nicht weinen." Kaum hatte Lisa dies gesagt, rutschte ihr Ken aus der Hand und wurde sofort mitgerissen. Aufgeregt schreiend rannten sie am Ufer hinterher, aber auch der Großvater, der sogleich herbeigeeilt kam, konnte den Puppenmann nicht mehr herausholen.

„Irgendwo wird er angeschwemmt werden!", tröstete er die aufgewühlten Mädchen. „Und ganz sicher freut sich dann ein anderes Kind, wenn es ihn retten und behalten darf."

„Glaubst du wirklich, Opa?"

„*Jeder Mensch liegt so in Gottes Hand, als wäre er seine einzige Sorge* (Autor unbekannt)", zitierte er.

„Ken ist aber eine Puppe!"

„Und Barbies haben keine Tränen, mein Kind."

Dann ging er mit den Mädchen zum Gottesdienst. Es war Sonntag und Tines letzter Tag auf dem Land.

Als der Herbst kam, verwandelte er nicht nur den Wald in ein Meer tiefer Farben, sondern alles andere auch.

Lisas Eltern kehrten zurück. Sie hatten das Stadtleben aufgegeben und liefen nun Pläne schmiedend mit dem Großvater im Haus umher. Renovierten, veränderten, bauten ein neues Heim. Was immer gewesen war, sie gingen wieder Hand in Hand. Des Vaters Bewerbungsgespräch war erfolgreich gewesen, er fühlte sich sehr wohl an seiner neuen Arbeit, während Lisas Mutter jetzt mehr Zeit für ihr Kind hatte. Und nicht nur fürs Lesen und Schreiben üben. Der Opa war fürs Rechnen da und für noch so manches mehr.

„In der Schule des Lebens bleibt man stets ein Schüler (Christine von Schweden)", sagte er.

Diese komische Schule musste ihm viel beigebracht haben, fand Lisa. Aber sie freute sich, weil er sich freute und weil sie nun alle beieinander waren.

Zwar gab es keine Cocktailabende mehr auf einem Balkon irgendwo in der fernen Stadt, aber etwas, das sich Vertrauen nannte, reifte im Herzen eines kleinen Mädchens. Vertrauen in die Dinge, die geschahen. Auch, wenn man sie nicht immer kapierte und selbst, wenn so manche Geschichte am Ende nicht wirklich gut ausging.

An Weihnachten durfte Tine sie wieder besuchen. Ihre Eltern hatten sich nicht wieder versöhnt. Aber in dem anderen Stadtteil, wo sie jetzt mit ihrer Mutter wohnte, gefiel es ihr gut, auch in der Schule. Ihre Mama hatte nicht mitkommen dürfen, das wollte Lisas Mutter nicht.

Blondie und Blackie stolzierten in dicken, weichen Fellmänteln durch den Schnee. Manchmal dachten sie noch an Ken und abends saßen sie mit hochroten Wangen neben Großvaters Holzofen, der alles wunderbar wärmte. „Das riecht so schön!", meinte auch Tine.

Gemeinsam schmückten sie den Christbaum und stapften, als die Glocken läuteten, in hohen Stiefeln zum Heiligabend-Gottesdienst.

Als später alle hübsch verpackten Geschenke verteilt waren, holte der Opa noch zwei weitere herbei. Eins für Lisa und eins für Tine, in jedem lag ein neuer Barbie-Mann.

„Eigentlich ist meine Lieblingszahl die drei, aber manchmal sind die geraden Zahlen doch die besseren im Leben. Stellt es euch in etwa so vor wie das Gleichgewicht auf einer Waage", sagte er, bevor er abwinkte. „Ach, mit der Mathematik, das ist so eine Sache. Entweder man versteht sie, oder man versteht sie nicht. *Die ganzen Zahlen hat der liebe Gott geschaffen, alles andere ist Menschenwerk. (Leopold Kronecker).*"

Dann lachte er still in sich hinein, ging nach draußen und zündete eine Zigarre an. Lisas Eltern saßen Wein trinkend am Tisch, wo sie gemeinsam in einem Reisekatalog blätterten. Und die Mädchen bewunderten mit ihren Puppen am Fenster die Rauchkringel, die der Großvater hinauf in den Himmel blies. Er sah so zufrieden aus.

„Weil er jetzt nicht mehr eins ist, sondern vier."

„Aber mit mir sind's doch wieder fünf."

„Wir sind noch Kinder, da zählen zwei wie eins! Dann stimmt das Gleichgewicht wieder."

„Und ich bin ja auch nicht die ganze Zeit über da."

„Aber ich habe gehört, wie Mama und Papa miteinander geflüstert haben, dass du im Sommer mitkommen darfst ans Meer."

„Au ja!"

„Und wenn wir dann an jedes Ende des Bootes zwei Barbies setzen, kann es nicht umkippen, was meinst du?"

„Ja, so müsste es gehen!"

„*Die ganzen Zahlen hat der liebe Gott geschaffen, alles andere ist Menschenwerk.* Verstehst du das?"

„Nicht so richtig. Du?"

„Ich auch nicht."

„Das wird eh wieder so ein Erwachsenenwerk sein. Komm, lass uns weiterspielen!"

Ach, dieses schönste Christfest aller Zeiten!

Hilde Willes lebt in Hessens Werra-Meißner-Kreis. Sie ist Mama von zwei Kindern, pflegt ihre demenzkranke Mutter und geht einem Teilzeitjob als Sekretärin nach. Seit dem Jahr 2015 hat sie über den Telegonos-Verlag drei Romane veröffentlicht, die sowohl heiterer als auch hintergründiger Lektüre zugeordnet werden können. (Genre: Liebes-/Schicksalsromane, Kindheitserinnerungen)

Vom kleinen Fuchs
Uwe Kraus

Es war einmal vor langer Zeit, da lebte in unserer Gegend eine Familie, die hatte eine Katze, die hieß Minette. Die Familie ging sehr oft, da sie am Wald wohnte, spazieren. Die Familie bestand aus einem Papa, einer Mama und drei Söhnen und wie gesagt gingen die öfters spazieren und auch die drei Kinder machten öfters Streifzüge durch den Wald.

Eines Tages, bei einem solchen Streifzug, entdeckten die drei ein kleines Fuchsbaby, das ganz allein und zurückgelassen lebte und da sie dem Fuchs von geringer Größe helfen wollten, suchten sie erstmal nach einer Fuchsmama, doch es fand sich keine, und so beschlossen die drei, das Fuchsbaby mit nach Hause zu nehmen, da vielleicht ihre Mutter eine Idee hätte, die dem Füchschen helfen würde.

Als sie heimkamen, fütterten die drei den Mini-Fuchs und bauten ihm einen kleinen Korb, in dem er sich ausruhen konnte.

Tage vergingen und die Mutter gab dem kleinen Milch, bis die Familie merkte, dass der Fuchs auch von Minette gestillt werden konnte. Der angeblich in aller Art Gefährliche und die Kätzin lebten und spielten vergnügt im Haus der Familie, bis eines Tages das Füchschen traurig wurde, weil es seine Artgenossen vermisste. Und weil es solche Sehnsucht nach anderen Fuchskindern hatte, begab es sich auf Streifzüge durch den Wald, bis es eines Tages einen Fuchs zu sehen bekam. Dieser war aber nicht gerade nett zu unserem kleinen Fuchs, da er ihn auslachte, weil er nicht in freier Wildbahn lebte wie er, sondern ein Haustier geworden war.

Nach der Begegnung mit dem Fuchs war das Füchschen sehr traurig und ging schweren Herzens zurück zu seiner Familie.

Der Fuchs erzählte Minette, was ihm passiert war, und diese meinte, er solle dem Fuchs beweisen, dass er doch ein ganz toller Hecht sei. Auch sagte sie ihm, dass sie ihm helfen wolle, dass kein anderer Fuchs ihn mehr auslachen würde.

Sie schmiedeten den Plan, dass Minette im nah gelegenen Weiher schwimmen würde, denn das konnte sie, und sie wollte so machen, als ob sie ertränke und der Fuchs sollte sie dann retten, damit es so aussah, als wäre das Füchschen der Held des Tages und würde von den anderen Tieren hoch gelobt werden.

Und so kam es dann auch:

Die Katze Minette schwamm, so dass es kein anderes Tier sehen konnte, in den See hinaus und miaute um Hilfe. Der kleine Fuchs tat so, als wäre er zufällig an den See gekommen, und sprang mit einem Köpper ins Wasser. Alle Tiere, die rings um den Weiher versammelt waren, staunten, als der gescholtene Hausfuchs das Kätzchen an Land zog.

Die Kunde war in aller Tiermunde und alle waren stolz und ehrfürchtig, wenn sie den Fuchs fortan durch den Wald laufen sahen.

Auch der böse Fuchs, der erst über ihn gelacht hatte, zog ehrfürchtig seinen Hut vor ihm und der Mini lebte noch ganz lange als Held bei der Kätzin und ihrer Familie.

Wenn ihr vielleicht wissen wollt, ob die Geschichte wahr ist, so muss ich euch sagen, dass das alles bis zu einem gewissen Punkt stimmt. Und wenn ihr fragt, was aus der Familie geworden ist, die den kleinen Fuchs großzog? Nun die lebt noch dort, wo sie damals gewohnt hat und ich bin ein Enkel der schlauen Mama, die den Fuchs mit Milch gefüttert hat!

Ende

Uwe Kraus, geboren in Kaiserslautern, schreibt seit dem Jahr 2000. Er veröffentlichte zahlreiche Lyrikbände sowie eine Erzählung ... Im Telegonos-Verlag erschienen drei Bände. Die Geschichte vom Fuchs ist eine "vielleicht" wahre Geschichte ...

Mein Korsika-Freund
Lotte R. Wöss

Als Schwester hinter zwei Brüdern auf die Welt zu kommen ist definitiv kein Lottogewinn. Von Natur aus begünstigt, da vier und sechs Jahre älter, traten sie gern gemeinschaftlich gegen mich an. Schon als sehr kleines Mädchen bemerkte ich, dass sie einander auch nicht grün waren, denn es verging kein Tag, an dem sie nicht in erbittertem Zweikampf auf dem Boden rollten. Offensichtlich war ihnen das irgendwann langweilig, dann fanden sie es lustiger, die kleine Schwester zu piesacken. Also mich. Gemeinsam.

Als Baby war ich ein dickes Individuum, daher erhielt ich den Spitznamen ›Pummel‹. Später war ich dünn, teilweise zu mager, trotzdem hielt sich der Name hartnäckig bis ins Erwachsenenalter. Auch sprachen alle immer von »dem Pummel«, als ob ich männlich wäre. Doch das gefiel mir. In meiner Kindheit schien es mir nämlich, als hätten Jungen einen höheren Stellenwert als Mädchen, daher wünschte ich mir lange Zeit, einer zu sein. Von ganzem Herzen! Kräftige Muskeln wollte ich haben, groß wollte ich sein, um endlich meinen Brüdern gewachsen zu sein. Was hätte ich dafür gegeben, wenn sie mich anerkannt hätten! Stattdessen fürchtete ich mich jeden Tag vor ihren Schikanen und sog ihre seltenen Nettigkeiten auf wie ein Schwamm.

Ein Ereignis von besonderer Gemeinheit habe ich bis heute in Erinnerung. Ich muss um die vier Jahre alt gewesen sein, als wir bei meinen Großeltern übernachteten. Das war aufregend, denn die Eltern und wir drei Geschwister wurden im Schlafzimmer von Oma und Opa untergebracht. Sie selbst schliefen im Arbeitszimmer von Großpapa auf einer Aufziehcouch, da wir zu fünft dort keinen Platz gehabt hätten.

Nach dem Abendessen und anschließendem Geplauder wurden wir Kinder schlafen geschickt. Ich musste in dem abgenützten Gitterbett nächtigen, in dem schon meine Mutter ihre ersten Lebensjahre gelegen hatte, und das knapp neben dem altehrwürdigen Doppelbett der Großeltern stand, in dem sich die Brüder die eine Hälfte teilten; die andere gehörte unseren Eltern.

Jörg, mein ältester Bruder, schlief gleich ein, Wolfgang war – wohl in Ermangelung eines anderen Gesprächspartners – freundlich zu mir. Dadurch in entspannter Stimmung schaute ich mich im nachtdunklen Zimmer um, während ich auf den Schlaf wartete, und entdeckte ein phosphoreszierendes Pünktchen. Es faszinierte mich und ich krabbelte aus dem Bett, um mir das genauer anzusehen.

Es war der leuchtende Einschaltknopf von Omas Nachttischlampe, den ich beeindruckt anstarrte. In dem Moment kam Vater herein, um gute Nacht zu sagen, und erwischte mich, wie ich vor dem Nachttisch auf dem kalten Boden hockte. »Du bleibst brav im Bett, sonst setzt es was!«, schimpfte er, trug mich ins Bett zurück und deckte mich zu.

Wolfgang rührte sich nicht, doch kaum war unser Vater aus dem Raum, stachelte er mich an. »Du kannst dir das ruhig noch einmal anschauen, Papa ist eh wieder weg.«

Der gleißende Knopf war so verführerisch, dazu die nette Ermunterung meines Bruders, also kletterte ich erneut aus dem Bett, überquerte das alte Doppelbett mit meinen Brüdern drin, hin zu der Lampe wie die Motte zum Licht. Wolfgang blieb tatsächlich still, so wagte ich mich weiter und hockte schließlich vor dem grünlich glimmenden Einschaltknopf. Genau in dem Moment brüllte mein Bruder los. Mein Vater sprang ins Zimmer und versohlte mir den Hintern, während Wolfgang schadenfroh kicherte.

Obwohl ich erst Ende September sechs wurde, begann für mich die Schulzeit. Ich verstehe bis heute nicht, was meine Eltern dazu bewogen hatte, mich vorzeitig einzuschulen, denn ich war ein zartes Kind, kränklich und hatte Probleme, Freundinnen zu finden. Im ersten Schuljahr schlief ich regelmäßig nach dem Mittagessen ein. Vor allem litt ich unter Schüchternheit und mangelndem Selbstwertgefühl, sodass ich kaum soziale Kontakte aufbauen konnte.

Jörg und Wolfgang überboten sich im Erfinden von Geschichten: Dass meine Lehrerin mich für dumm hielte, sich alle hinter meinem Rücken lustig machten und sie selbst nachts mit meinen Klassenkameraden wilde Partys feierten, zu denen ich natürlich nicht eingeladen war. Obwohl ich es nicht glauben wollte, nagten diese Foppereien an mir, weil auch die Eltern darüber lachten und sich nie davon distanzierten. Die beiden Jungen gackerten laut, wenn ich Fragen stellte, etwas nicht gleich verstand oder aus der Schule erzählte. Schließlich redete ich kaum mehr.

Während der Autofahrten erfanden sie ein Spiel, das sich »Berühr mich nicht« nannte. Wir saßen zu dritt in unserem uralten VW-Käfer auf der Rückbank, ich stets in der Mitte eingequetscht zwischen den beiden. Anstoßen war verboten. Jede Kurve und Unebenheit im Boden wurde zum Martyrium. Ich faltete mich ganz klein zusammen, presste meine Knie aneinander, schlang die Arme um den Körper und spannte mich an, bis ich komplett verkrampft war. Dennoch konnte ich nicht verhindern, dass ich bei der einen oder anderen Kurve nach links oder rechts rutschte. Daher kassierte ich zahlreiche Knüffe von beiden Seiten ein.

Meine Mutter war der Meinung, dass eine gewisse Abhärtung bei der Erziehung vonnöten sei, so war die Zeit damals. Wenn ich weinte, hieß es meist: »Heul doch nicht immer.«

Kein Wunder, dass ich mir wünschte, schnell erwachsen zu werden.

Die Eltern fanden die Kreativität meiner Brüder unterhaltsam. Ja, sie sorgten sich sogar, dass ich zu wenig abgehärtet wäre; eine Mimose nannten sie mich.

Als ich mit acht Jahren die zweiten Vorderzähne bekam, wirkten sie in meinem Gesicht groß, da ich zart gebaut war.

Fortan riefen die beiden: »Hoppelhase« und »Wo springen denn deine Zähne mit dir hin?«

Beklagte ich mich bei meiner Mutter, war ihr Kommentar: »Schau, du hast halt wirklich Schaufeln im Mund.« Überhaupt fand sie es amüsant, was die großen Brüder sich alles einfallen ließen. Trieben sie es besonders toll, sagte sie. »Ach, das ist die beste Schulung für die Ehe später.«

Mir ist bis heute nicht klar, was sie damit meinte. So einen Ehemann hätte ich mir nie und nimmer ausgesucht, und ich musste auch nie erleben, dass mein Vater meine Mutter schlecht behandelt hätte.

Ich war neun Jahre alt, als wir ein neues Ferienziel anvisierten: Korsika. Ins Feriendorf: ›Zum störrischen Esel‹. Freilich hatte ich keinerlei Vorstellung von der Insel, nur dass es eine sehr weite Reise dorthin war. Für meine Mutter, die oft an Kieferhöhlenvereiterungen litt, war das trockene Klima auf dieser Mittelmeerinsel wohltuend, daher wollte sie die Tortur der langen Fahrtzeit auf sich, besser gesagt, auf uns alle nehmen.

Ich war aufgeregt und zappelig.

Wir starteten von Graz aus mit unserem blauen VW-Käfer, Richtung Dornbirn in Vorarlberg, vier Koffer auf dem Dach. Das dauerte einen ganzen Tag. Zum Glück hielten Jörg und Wolfgang das »Berühr mich nicht Spiel« nur kurze Zeit durch. Vergnügen war die Fahrt auch so nicht, denn wegen der Kieferhöhlengeschichte meiner Mutter durfte kein Fenster geöffnet werden. Die Affenhitze auf dem Rücksitz war mörderisch.

Wir übernachteten in Dornbirn. Am nächsten Morgen stiegen wir in einen Reisebus, der uns über die Schweiz und Italien nach Frankreich brachte. Bei einem Stopp in der Schweiz aß ich zum ersten Mal in meinem Leben weiße Schokolade, ein beeindruckendes Erlebnis.

Die meiste Zeit sah ich fasziniert zum Fenster hinaus. Wir waren einen halben Tag und eine Nacht unterwegs, ehe wir Nizza erreichten. Hier bestiegen wir das Schiff nach Korsika. Den ersten Blick auf die Festung Calvi, die sich langsam aus dem Dunst vor mir herausschälte, werde ich nie vergessen.

Wir kletterten mit dem Gepäck vom Fährschiff und am Pier empfing uns singend und fähnchenschwenkend die Alpenvereinsgruppe. Im Bus ging es dann eine Viertelstunde bis zum Feriendorf, wo wir einen sogenannten Familienbungalow zugewiesen bekamen, für fünf Personen.

Es war ein Holzhäuschen mit zwei Kammern und einem Vorraum. Ein Bettenlager für meine Brüder und mich. Das Mittelbett blieb mir erspart, denn da ich als Kleinste zuerst ins Bett musste, fand meine Mutter es sinnvoll, dass ich die hinterste Matratze bekam. Zur Waschanlage balancierte man durch Büsche auf einem schmalen Weg, das war für mich eine neue spannende Erfahrung. Dass es in Korsika Spinnen gab, ernüchterte mich ein wenig. Damals hatte ich panische Angst davor. Zum Glück wagten es die Brüder nie, mir eine Spinne ins Bett zu setzen, da auch meine Mutter Spinnen hasste.

Zum Meer führte ein fünfzehnminütiger Weg, aber dann tat sich vor mir das Paradies auf. Strand, Sonne, tiefblaues Wasser – ich verliebte mich auf den ersten Blick in die Silhouette der Feste Calvi, die über uns thronte. Wir hatten auch bedeutend mehr Platz zum Sandspielen als bei den Urlaubswochen vorher in Italien.

Wolfgang, der zu allen ausgesprochen charmant sein konnte, sofern er wollte, schleppte vom ersten Tag an eine Meute Bewunderer, weiblich und männlich, hinter sich her. Da blieb ihm keine Zeit, mich zu ärgern, ach, was war ich doch froh darüber! Auch Jörg fand Freunde und ich sah ihn kaum.

Es gab jede Menge Spielkameraden. Als wir gemeinsam eine riesengroße Sandburg bauten, sah ich ihn zum ersten Mal: einen blonden Jungen, gleich groß wie ich, der ebenfalls unermüdlich mithalf. Wir holten Eimer um Eimer Wasser aus dem Meer, schleppten sie zu dem wachsenden Bauwerk, an dem die Größeren sich als Baumeister betätigten. Wir Kleineren wurden zu Hilfsdiensten verdonnert, die wir eifrig verrichteten.

Der Junge und ich sprachen kein Wort miteinander an dem Tag, doch sahen wir uns oft in die Augen. Dass er mir gefiel, war mein Geheimnis, das meine Brüder dieses Mal nicht beschmutzen sollten.

Es bürgerte sich ein, dass wir Kinder zusammen auf der Gemeinschaftsterrasse im Feriendorf saßen. Wir spielten »1000-Kilometer«, ein Kartenspiel, das zu dieser Zeit absolut in war. Bis zu vierzehn Kinder und Jugendliche hockten sich in zwei Mannschaften gegenüber, wir hatten drei Kartenspiele zusammengelegt und spielten in Teams gegeneinander. Dazu kreierten wir eigene Regeln, die je nach Bedarf adaptiert wurden. Jörg, damals sechzehn, hatte das Kommando in die Hand genommen. Irgendwann gelang es mir, neben meinem heimlichen Schwarm zu sitzen. Er lachte und blitzte mich mit seinen blauen Augen an. Mein Lächeln fiel wesentlich schüchterner aus; ich merkte es an den verkrampften Lippen. Er wandte sich gleich wieder den soeben ausgeteilten Karten zu. Ich gab vor, meine zu sortieren, und sah doch schräg aus dem Augenwinkel zu dem Jungen neben mir.

Wolfgang saß auf seiner anderen Seite, wir waren in einem Team, und als mein Sitznachbar einen Trumpf hervorzog, klopfte mein Bruder ihm heftig auf den Rücken. »Super, du bist unser Genie.«

Tatsächlich hatte Genie nun seinen Spitznamen weg und meist gute Karten. Sehr viel später erfuhr ich, dass er Gerhard hieß. Aber für uns blieb er ›Genie‹.

Dann kam der Tag meiner großen Blamage: Mutter kreuzte zu Mittag auf und nötigte mich zu einem Mittagsschlaf. Ich schämte mich, dass ich mit fast zehn Jahren noch schlafen gehen sollte. Sie ließ sich nicht erweichen. Meine Brüder lachten und alberten über das »Baby« und ich hielt nur mit Mühe die Tränen zurück.

Da legte Genie plötzlich seine Karten hin und verkündete. »Wenn Pummel nicht mehr spielen darf, dann spiele ich auch nicht mit.«

Das war der Moment, in dem ich mich unsterblich in ihn verliebte. Sein Blick wärmte mich in dieser demütigenden Stunde und es war nicht ganz so schlimm, mit meiner Mutter zum Bungalow trotten zu müssen.

Von dem Zeitpunkt an waren Genie und ich unzertrennlich. Mein Bruder versuchte zwar mehrmals, ihn mir wegzulocken, doch Genie unternahm lieber alles mit mir.

Später erfuhr ich, dass ich ein Jahr älter war als er. Das spielte jedoch keine Rolle, denn ich hinkte mit meiner Entwicklung hinterher, wurde ohnehin die meiste Zeit wesentlich jünger geschätzt. Durch Genie wurde mir bewusst, dass Buben auch nett sein können. Er hatte ebenfalls einen älteren Bruder, also kannte er das Gefühl, der Kleine zu sein.

Diesem magischen Sommer folgten noch fünf weitere. Genie wohnte in Vorarlberg, ich in Graz – es trennte uns das ganze Land. Wir schrieben uns ab und zu Briefe und freuten uns auf den nächsten Sommer.

Der letzte Sommer war der schönste und längste. Sowohl seine als auch meine Mutter hatten einen Ferienjob im Feriendorf angenommen und wir blieben volle acht Wochen auf Korsika. Meine Brüder waren nicht mehr dabei, einer musste für eine Nachprüfung lernen und der andere absolvierte den Grundwehrdienst. Ich blühte natürlich auf, ganz ohne von den beiden geplagt zu werden, diese Wochen genießen zu dürfen.

Genie, ich und manchmal weitere Jungen durchstreiften das Feriendorf, wir vertrieben uns die Zeit mit Geländespielen, Basteleien und beteiligten uns am Kinder- und Sportprogramm. Mehrmals bildeten wir eine Staffel bei den Schwimmwettkämpfen. Ich besitze noch heute die Urkunde, als wir gewannen. Von Zeit zu Zeit hatte ich meine kleine Schwester im Schlepptau, wenn Mutter arbeitete. Auch das wurde von den anderen akzeptiert. Einmal verstauchte ich mir den Knöchel, da zog mich Genie mit einem Leiterwagen den ganzen Tag herum, ach, ich liebte ihn gleich noch mehr, meinen Helden. Oft verließen wir das Dorf und schlugen uns in die Wildnis außerhalb. Zum Glück waren den Kindern von damals mehr Freiheiten gegönnt, ohne dass man ein Handy besaß und einem jemand ständig hinterhertelefonierte.

Weder Genie noch ich ahnten zu diesem Zeitpunkt, dass es der letzte gemeinsame Sommer sein sollte. Ich war vierzehn Jahre alt, jedoch ein Kind, in der Entwicklung zurück. So hatte ich meine Tage noch nicht und auch keinen Busen. Genie war dreizehn und wir versprachen uns, weiterhin zu schreiben.

Im kommenden Jahr erkrankte mein Vater schwer, starb einige Monate später und ich kam nicht mehr nach Korsika. Die Briefe, die wir uns schrieben, wurden spärlicher, blieben schließlich aus.

Das Leben wurde für lange Zeit dunkel für mich und mein Korsika-Freund war weit weg. Anderes rückte in den Vordergrund und ich verbot mir, sehnsüchtig an unsere Sommer zu denken. Korsika war Geschichte für mich, musste vorbei sein.

Ich beendete die Schule, machte eine Ausbildung zur Krankenschwester und begann zu arbeiten.

Schließlich heiratete ich und damit verschlug mich das Schicksal ausgerechnet nach Vorarlberg. Es klickte und mir fiel der vergessene Kinderfreund wieder ein. In den Achtziger-Jahren gab es kein Facebook oder Internet. Ich suchte im Telefonbuch nach Gerhard, dem einstigen Genie, doch an seiner ursprünglichen Adresse war er nicht mehr.

Fast war ich erleichtert. Hätte ich mich getraut, ihm zu schreiben? Ich weiß es nicht. Wir hatten eine unschuldige Kinderfreundschaft gepflegt – würde er sich überhaupt erinnern? Wäre es ihm nicht lästig? Womöglich dächte er, ich wollte ihn bedrängen? Auf einer erwachsenen Ebene, die es damals noch nicht gab, die Freundschaft aufleben lassen? Ich vergaß die halbherzige Suche.

Vierzig Jahre später fand ich ihn, er hat ein Profil auf Facebook. Ein wenig rundlicher war er geworden, seine Haare leicht schütter. Sein Lachen jedoch – das ist geblieben. Spontan schrieb ich ihm und er antwortete sogar. Unsere Zeilen waren voll Enthusiasmus und wir teilten einander mit, was aus uns geworden war.

Doch meiner ersten Begeisterung folgte Entmutigung, als er erzählte. Genie war weiterhin viele Jahre nach Korsika gefahren und die Kinderfreundschaft zu mir war einer Jugendliebe zu einem anderen Mädchen gewichen. Aus dem Jungen war ein Teenager und letztendlich ein Mann geworden.

Und mit einem Mal empfand ich eine Mischung aus Eifersucht und Furcht. Möglicherweise wäre ich seine

Jugendliebe geworden, hätten wir die Chance gehabt, uns weiterhin zu treffen? Ich weiß es nicht. Nicht das ist es, was mich bewegte. Schließlich waren wir heute beide jeweils glücklich verheiratet, hatten Kinder. Dass der Stachel der Eifersucht in mir saß, hatte nichts mit einer Liebe zwischen Mann und Frau zu tun.

Was dann?

Ich dachte eine Weile darüber nach und dann wusste ich es: Für ihn war der Korsika-Traum weitergegangen, ohne mich. Weiterhin durfte Genie das Flair dieser Insel genießen, und es fiel ihm leicht, in diesen herrlichen Sommerzeiten auf mich zu vergessen. Mich zu ersetzen, weil ich in seinen Augen, die mehr und mehr zu den Augen eines jungen Mannes wurden, ein vierzehnjähriges Kind geblieben war, stehengeblieben auf einer älter werdenden Fotografie mit der Urkunde des Schwimmwettkampfes winkend. Mein Korsika kann mit dem seinen nicht mithalten.

Daher hatte ich bis jetzt noch nicht den Mut, ihm in natura gegenüberzutreten, obwohl wir mehrmals davon sprachen.

Vielleicht ergibt sich ein Weg. Irgendwann. Oder ist es besser, das Kinderbild im Kopf zu behalten?

Er war viel für mich. Wenn ich die Augen schließe, höre ich sein Lachen, spüre seine Begeisterung und unkomplizierte Art. Die bedingungslose Zuneigung Genies zu mir, die sich offenbarte in einer freudigen Miene, wann immer er mich sah. Sein ansteckender Enthusiasmus für die kleinen Dinge im Leben. Und er gab mir Selbstbewusstsein. Gemeinsam waren wir unbesiegbar. Diese Sommer mit ihm werden Zeit meines Lebens einen besonderen Platz in meinen Erinnerungen haben.

Irgendwann, Genie, habe ich vielleicht den Mut, dir als Erwachsene zu begegnen.

Ach ja, und was meine teuflischen Brüder betrifft, sie haben sich mit dem Erwachsenwerden doch zum Positiven entwickelt. Und nun, wann immer wir uns sehen, benehmen sie sich ausgesprochen zuvorkommend mir gegenüber, als würden sie Abbitte leisten wollen für die ausgestandenen Qualen, die sie mir zugefügt hatten, damals.

Lotte R. Wöss lebt in Vorarlberg (Österreich), ein Ehemann, drei Kinder, ein Enkelkind. Sie schreibt in jeder freien Minute, liest gern, schwimmt, ist gerne auf Reisen. Ihre Welt sind die Gefühle, denn sie machen das Leben spannend.

Bild: Karlotta, 8 Jahre – Titel: Die böse Prinzessin

Bild: Louisa, Jahre 4 Jahre – Große Schwester von Paulina (S. 185)

Als mein Großvater mir das Leben rettete
Marina A. Zimmermann

Das kleine Baby schaute neugierig aus ihrem Wagen. Für jedes freundliche Gesicht hatte sie ein hübsches Lächeln bereit. Ihre großen blaugrauen Augen betrachteten aufmerksam die Welt um sie herum. Alles war neu und aufregend und interessant und wichtig. Drei Monate war sie schon in dieser Familie.

Ganz nette Menschen sind da um mich herum. Eine nette junge Frau hält oft mein Händchen und lächelt mich so begeistert an. Was möchte sie denn von mir? Die anderen geben komische Laute von sich. Manchmal reden sie auch. Aber ich kann ihre Wörter noch nicht verstehen. Die junge Frau sagt kein Wort, sie lächelt nur und drückt mein Händchen, manchmal so fest, dass ich auch mal einen Laut von mir geben muss. Ich muss mehr Laute lernen, damit die Menschen mich verstehen. Die wissen nicht, dass ich ein sehr großes Problem habe: Seit ich hier im Trockenen bin, habe ich Hunger! Doch das scheinen diese lächelnden Gesichter einfach nicht zu verstehen.

Die junge Mutter betrachtete voller Stolz ihr kleines Baby. Immer wieder blieb sie vor seinem Bettchen stehen. Hingebungsvoll berührte sie das kleine Händchen und freute sich jedes Mal ungemein, wenn die klitzekleinen Finger sie drückten und festhielten. Da wurden ihre Augen feucht und sie vergaß die Welt um sich herum. Ihre süße Tochter war auf der Welt. Jetzt war die junge Frau stolz und wollte nur noch mit ihrem Baby zusammen sein.

Aber leider konnte die junge Mutter ihrem kleinen Schatz nur Liebe geben. Sie hatte versucht, ihr Baby an die Brust zu legen. Das kleine Neugeborene hatte schon kräftige Kiefer, auch wenn die Zähne fehlten. Und sie biss ihrer Mutter kräftig in die Brustwarzen. Eigentlich wollte die Kleine ja Muttermilch saugen. Aber es kam nichts heraus. Enttäuscht wendete sich das Baby von seiner Mutter ab. Doch es weinte nicht. Noch nicht.

Ihre Großmutter hatte die Szene mit skeptischem Blick verfolgt. Für sie war es unverständlich, dass ihre Tochter keine Milch in ihrer Brust hatte. Der Hausarzt wurde gerufen. Doch er konnte nur bestätigen, dass die junge Frau ihr Baby nicht selbst stillen konnte. Schnell wurde Milchpulver gekauft und fleißig gerührt.

Das Baby sog gierig an der Flasche.

Das war aber auch an der Zeit. Ich hatte schon ein ungutes Gefühl. Eigentlich hätte ich überhaupt nicht aus dem angenehmen Becken herauskommen wollen. Dort war es so schön warm gewesen und ich hatte mich viel wohler gefühlt. Seitdem ich hier im Trockenen bin, fühle ich mich stets leer und mir fehlt irgendwas. Jetzt schlucke ich endlich was Flüssiges. Schmeckt nicht so toll, aber mal sehen, was es mir bringt.

Ihre Großmutter strahlte zufrieden und ihre Mutter lächelte erleichtert. Das Baby sog kräftig an der Flasche. Viel zu schnell war sie leer. Ihre Großmutter hätte beinahe noch eine zweite vorbereitet. Doch das sollte fürs Erste genügen. Es dauerte auch nicht lange und die Kleine schlief sofort ein. Ohne Bäuerchen und was auch sonst.

Ein paar Tage ging es ganz gut mit dem Fläschchen. Keiner störte sich an ihrem Schluckauf, an dem immer wiederkehrenden Spucken der weißen Flüssigkeit.

„Kann ja mal vorkommen", meinte die Großmutter und ignorierte den ängstlichen Blick ihrer unerfahrenen Tochter.

Schließlich hatte sie drei Kinder auf die Welt gebracht und das, während des großen Krieges. Alle drei sind gut durchgekommen und kerngesund. Ihrer Tochter fehlte nur die Muttermilch. Deshalb werden sie das Baby trotzdem groß bekommen. Ehrgeiz und Erfahrung sollten dabei helfen.

Die junge Mutter ging wieder arbeiten. Die Großmutter konnte ja dem Baby auch seine Flasche geben. Doch schon bald wurde das ein Problem.

Dieses eklige Zeug will ich nicht mehr! Ich hatte von Anfang an kein gutes Gefühl. Es schmeckt nicht nur scheußlich. Es nimmt mir auch nicht meine Leere im Bauch. Ich fühle mich nur schlechter und versuche doch jedes Mal, alles wieder auszuspucken. Kapieren diese Menschen das denn nicht? Lasst mich wieder in den Bauch zurück. Da drinnen war es viel schöner und ich war immer satt und zufrieden. Wer hat mich nur hier rausgeholt? Nein, ich will diese ekelhafte Flüssigkeit nicht mehr. Ich muss mir etwas einfallen lassen, eine Idee, wie ich das diesen Menschen erklären kann. Eigentlich sind sie doch immer nett und freundlich zu mir. Aber, wenn sie mir diese Flasche in den Mund stecken, dann will ich nur noch kotzen.

Die Großmutter war schon ein wenig besorgt, weil die Kleine so wenig aus ihrer Flasche trinken wollte. Und anschließend spukte sie gerne in hohem Bogen aus, was sie gerade eingesaugt hatte. Ratlos rief sie erneut nach dem Hausarzt. Dessen Rat, das Produkt zu wechseln, wurde sofort befolgt. Ein neues Pulver wurde schleunigst besorgt. Hoffnungsvoll bereitete die gute Frau sogleich eine neue Flasche zu.

Gierig sog ihre kleine Enkelin die breiige Flüssigkeit ein. Es schien etwas besser zu schmecken. Das hoffte jedenfalls die gute Großmutter. Das Baby schlief erschöpft ein, noch bevor die Flasche zu Ende war. Vorsichtig legte sie die Kleine in ihr Bettchen und ging nebenan in die Küche. Schließlich wollte die Familie auch essen. Die Düfte des Mittagessens wanderten bis in das anliegende Zimmer und direkt in die Nase des kleinen Babys.

Schon wieder diese Gerüche! Träume ich noch? Bin ich wieder im Paradies? Kann ich das alles in mich aufnehmen? Mmmmh, das tut gut.

Ihr kleiner Mund bewegte sich ununterbrochen. Hin und wieder kam die Zunge zum Vorschein. Da die Kleine auch noch mit halboffenen Augen schlief, hätte man annehmen können, sie würde irgendetwas essen oder versuchen, zu kauen. Doch niemand bemerkte sie. Ihre Mutter war noch auf der Arbeit. Ihre Großmutter war in der Küche nebenan. Und ihr Großvater, ja ihr Großvater war auch noch arbeiten. Und dann gab es noch einen Mann, den sie sofort sehr schön gefunden hatte. Noch wusste sie aber nicht, dass es ihr Vater gewesen war.

Geräusche störten die Kleine nicht. Sie schlief gerne und viel und zu jeder Tages- und Nachtzeit. Aber diese feinen Küchendüfte wurden langsam immer unerträglicher.

Ich träume diese Gerüche nicht. Die kommen von irgendwo aus meiner nächsten Umgebung. Warum bekomme ich nichts davon? Immer dieses eklige, weiße Zeug, das mich so unglaublich schlecht fühlen lässt. Seitdem ich auf dieser Welt bin, habe ich dieses leere Gefühl im Bauch noch nicht losbekommen. Es ist grauenhaft. Und jetzt scheint wieder etwas los zu sein. Aber ich kann nichts sehen. Ich rieche nur den herrlichen Duft und bekomme immer mehr Lust darauf. Dagegen muss ich jetzt mal etwas tun. Mit freundlichem Grinsen ist es wohl nicht getan. Eigentlich reagieren diese Menschen doch ganz schnell, wenn ich weine. Mal sehen, ob das jetzt auch funktioniert.

Die Familie hatte sich gerade um den Esstisch versammelt und begonnen, das Mittagessen zu genießen. Ein Schrei aus dem Nebenzimmer schreckte alle hoch. Die junge Mutter ließ ihren Löffel fallen und rannte als Erste zu ihrem Baby. Das war ganz rot im Gesicht vor lauter Anstrengung. Denn es schrie mit allen Leibeskräften, die es in ihrer kleinen Lunge finden konnte. Tränen rollten über die schmalen Wangen. Die junge Mutter nahm ihr Baby aus der Wiege und schmiegte es an sich. Leise wiegte sie es in ihren Armen. Sofort beruhigte sich die Kleine. Aber nur, weil sie hoffte, mit ihrem Geschrei etwas bewirkt zu haben. Neugierig riss sie die Augen auf und versuchte, einen Blick auf den gedeckten Tisch zu werfen. Doch ihre Mutter wiegte sie hin und her.

Halt doch mal an! Davon wird mir ganz schwindelig. Ich will doch nur sehen, wo diese guten Gerüche herkommen! Das hast du wohl noch nicht kapiert!

Resigniert sah sie in die Augen der naiven, jungen Frau, die in diesem Moment so stolz war, weil sie ihr kleines Baby auf eine sehr sanfte Art beruhigen konnte. Zufrieden und glücklich legte sie ihr Töchterchen wieder in das kleine Bett. Doch war sie noch nicht an der Tür, da hörte sie erneut dieses angestrengte Weinen.

„Vielleicht hast du ja Hunger?", fragte die junge Frau besorgt.

Doch ihre Mutter antwortete kategorisch: „Sie hat vor einer Stunde ihre halbe Flasche getrunken. Lass sie ruhig etwas weinen. Sie hört schon wieder auf, wenn sie müde wird."

Neugeborene haben noch so ihre Probleme, wenn sie mit den Erwachsenen Kontakt aufnehmen wollen. Erst viel später lernen sie die Sprache, mit der sich die Menschen untereinander verständigen. Bis dahin gibt es nur die Mimik und das Geschrei. Letzteres kann voller Schmerzen sein, es kann vom Hunger kommen, es kann aber auch nur trotz oder Unterhaltung sein. In den ersten Monaten ist das sehr schwer zu erkennen.

Bei diesem hübschen Baby war es der blanke Hunger. Schließlich trank es keine Flasche bis zum Ende, weil es ihr schon vorher sehr schlecht davon wurde. Es vergingen nur wenige Minuten, dass sie zu spucken begann und alles wieder aus ihrem Körper hinauswarf. Und niemand wurde so richtig schlau aus ihr. War sie nur wählerisch? Ihre Großmutter hatte alle

Milchpulver gekauft, die es für Neugeborene damals gab. Nichts davon schien ihr zu schmecken. Es war ein Drama!

In ihrem Fall kann man wirklich sagen: Leider war die Kleine zu Hause geboren und nicht in einem Krankenhaus. Der Hausarzt war auch schon ein älterer Herr und eigentlich überreif für die Rente gewesen. Niemand im Umfeld der Kleinen war auf den Gedanken gekommen, dass sie eine Milchallergie haben könnte.

Das Theater ging noch eine Weile weiter. Das hübsche Baby war das liebste und freundlichste Mädchen auf der Welt ... bis sich ihre Familie an den Esstisch setzte. Dann schrie sie sich die Lunge aus dem kleinen Leib. Einem Erwachsenen wurde es aber bald zu viel. Eines Tages war es endlich so weit.

Wieder waren alle Familienmitglieder um den Esstisch versammelt. Der Sonntagsbraten duftete durch Zimmer und Fluren des Hauses. Das kleine Baby lag in seiner Wiege im Nebenzimmer und schien noch vor wenigen Minuten geschlafen zu haben. Aber nein! Es schrie wieder lautstark seine Verzweiflung in den Raum.

Der Großvater stand dieses Mal ruckartig von seinem Stuhl auf. Der gedachte Fluch kam ihm nicht über die Lippen. Er stand aber in seinen funkelnden Augen. Seine Frau und seine Tochter saßen am Tisch und verfolgten ihn mit ängstlichen Blicken. Die junge Mutter zitterte am ganzen Körper. So aufgebracht hatte sie ihren Vater noch nie erlebt.

Mit überaus zärtlichen Händen nahm der Großvater seine Enkelin in die Arme und hob sie aus dem Bettchen. Die Kleine hörte sofort zu weinen auf. Überrascht sah sie den großen Mann an. Bis dahin hatte er sie noch nie angefasst. Sein Geruch gefiel ihr sofort. Auch seine Augen waren wunderschön. Ein helles Blau leuchtete ihr freundlich entgegen. Sie hatte noch nie so viel Zärtlichkeit und Liebe aus einem Blick spüren können.

Jetzt setzte er sich mit ihr an diesen großen Tisch, wo alle diese wunderbaren Gerüche herkamen. Neugierig schaute das Baby auf die Teller. Der Braten duftete verlockend. Das gelbe Kartoffelpüree und die bunten Gemüsestückchen waren einladend.

„Und jetzt gebt der Kleinen zu essen!", befahl der Großvater mit energischem Ton, der keinen Widerspruch erlaubte.

„Aber das geht doch nicht." Seine Frau versuchte das Unmögliche.

„Das geht doch!", beschloss der Großvater und gab sogleich seine Anordnungen weiter: „Kartoffelpüree kannst du mit der Soße verrühren. Und das Gemüse kannst du auch zerdrücken, bis es breiig ist. Dann will ich mal sehen, ob die Kleine nicht aus Hunger weint."

Die Großmutter folgte den Worten ihres Mannes. Zerdrückte alles in einer kleinen Schüssel und setzte es ihm vor. Er nahm einen kleinen Löffel und führte ihn vorsichtig an den kleinen Mund seiner Enkelin. Sie roch kurz daran, öffnete den Mund und schluckte alles hinunter. Dankbar lächelte sie ihren Großvater an. Aber nur für ein paar Sekunden. Ihr Mund war schon wieder geöffnet. Halb lachend, halb gierig. Ihr Großvater gab ihr den nächsten Löffel und freute sich genauso wie sein kleines Mädchen.

Das war der Beginn einer Liebe, die ein ganzes Leben lang andauern sollte.

Marina A. Zimmermann ist in Deutschland geboren. Die diplomierte Gemmologin arbeitete drei Jahrzehnte lang auf dem europäischen Kunstmarkt. Sie lebte vorwiegend in Italien, mit längeren Aufenthalten in Frankreich, England und der Schweiz. Vor einigen Jahren kam sie zurück nach Deutschland und widmet sich seitdem ihren beiden großen Leidenschaften: dem Schreiben und dem Übersetzen.

Jugendzeit
Susanne Schäfer

Adele beschloss, zu ihrer Großmutter nach Lüneburg zu fahren. Sie wollte nicht mehr bei ihrer Mutter und deren neuem Mann, also ihrem Stiefvater leben.

„Nur, wie stelle ich das an? Für den Zug habe ich kein Geld. Und selbst wenn ich Geld hätte, wie soll ich nach Duisburg zum Bahnhof kommen?", grübelte sie halblaut vor sich hin. „Aber ich habe doch von Papa letztes Jahr zu Weihnachten das neue Fahrrad bekommen. Ich kann ja damit fahren. Hm, aber dann muss ich es am Bahnhof stehen lassen. Nein, das mache ich nicht", überlegte sie weiter. „Ich kann doch ganz mit dem Fahrrad fahren. Ja, das mache ich."

Jetzt musste Adele alles ganz genau planen.

„Was nehme ich mit, und wie komme ich von hier weg, ohne dass jemand etwas bemerkt?"

Sie nahm einen Zettel und schrieb auf, was sie alles mitnehmen wollte. Ganz oben auf der Liste stand ihre Puppe Anja, die sie von ihrer Großmutter geschenkt bekommen hatte. Die gute Puppenmutter war sie mit ihren dreizehn Jahren immer noch. Ein paar Kleidungsstücke, die sie gerne trug, etwas zum Essen und etwas zum Trinken. Und dann wartete Adele auf eine günstige Gelegenheit. Sie sprach mit niemandem über ihren Plan. Auch nicht mit ihrer Schwester Helga, der sie sonst immer alles anvertraute.

Das Glück kam Adele zur Hilfe. Morgens bekam sie mit, dass ihr Stiefvater schon früh arbeiten musste.

Ihre Mutter begann sowieso schon morgens um sechs Uhr zu arbeiten. Adele machte sich zur Schule fertig und ging mit ihrem Tornister ganz normal aus dem Haus. Sie versteckte sich in den Büschen gegenüber der Haustür und wartete, bis der Stiefvater das Haus verließ und mit dem Fahrrad zur Arbeit fuhr. Dann krabbelte sie aus den Büschen heraus und ging in die Wohnung. Zum Glück besaß sie einen eigenen Schlüssel.

Im Kinderzimmer kippte Adele ihre Schulsachen aus dem Tornister auf ihr Bett. Sie packte ihre Puppe Anja und etwas zum Essen und zum Trinken in den Tornister. Dann nahm sie ihren alten Tornister und packte ein paar Kleidungsstücke hinein. Die Kleider, die nicht mehr in die beiden Tornister passten, zog sie einfach über die Sachen, die sie schon trug. So bekam sie alles mit, was sie sich auf den Zettel geschrieben hatte. Den Zettel ließ sie einfach im Kinderzimmer auf dem Tisch liegen. Den Haustürschlüssel legte sie daneben. Sie schnallte sich den alten Tornister auf den Rücken und den anderen nahm sie in die Hand. So bepackt verließ Adele die Wohnung, ging in den Keller und holte ihr Fahrrad heraus.

Den neuen Tornister klemmte sie auf den Gepäckträger und den alten Tornister behielt sie auf dem Rücken. Dann radelte sie los. Erst einmal Richtung Duisburg und dann Richtung Essen. Adele hatte sich gemerkt, durch welche Städte der Zug nach Lüneburg immer fuhr. Sie hielt Ausschau nach Straßenschildern, die ihr den Weg zur nächsten Stadt zeigten. Doch irgendwie fuhr Adele falsch, denn sie landete auf einer Müllkippe. Sie wollte aber nicht den ganzen Weg wieder zurückfahren. Deshalb versuchte sie, wenigstens die Richtung einzuhalten, und fuhr über matschige Feldwege.

Adele bemerkte, dass sie im hinteren Reifen keine Luft mehr hatte.

„Mist, die Luftpumpe habe ich vergessen", schimpfte sie mit sich selber. „Also heißt es, wer sein Fahrrad liebt, der schiebt. Hoffentlich finde ich jemanden, der mir helfen kann."

Plötzlich stand sie an einem Kanal.

„Und wie komme ich jetzt da rüber? Weit und breit ist keine Brücke zu sehen", überlegte sie.

Adele lief am Kanal einen schmalen Pfad entlang.

„Vielleicht kommt ja bald eine Brücke", hoffte sie.

Aber der Pfad war matschig und das platte Fahrrad wurde immer schwerer. Außerdem wurde es schon langsam dunkel.

„Ich weiß nicht, wo ich bin und gegessen habe ich auch noch nichts", jammerte Adele.

Sie legte ihr Fahrrad ins Gras, setzte sich an den Wegrand, nahm ein Butterbrot aus dem Tornister und begann zu essen.

Doch dann stand ein Polizist vor ihr und fragte sie, wer sie war und warum sie hier alleine in der Dunkelheit saß.

„Ich habe ihn ja gar nicht gesehen?", wunderte Adele sich.

„Ich heiße Adele Schreiber und ich möchte zu meiner Großmutter. Aber ich habe einen platten Reifen und kann nicht mehr weiterfahren", antwortete sie dem Polizisten artig. „Können Sie mir nicht helfen und mein Fahrrad flicken und wieder aufpumpen?"

„Wo wohnt denn deine Großmutter?", fragte der Polizist. Adele antwortete wahrheitsgemäß, dass diese in Lüneburg wohnte. „Die Polizei darf man doch nicht anlügen", murmelte sie ganz leise.

Der Polizist nahm Adele und ihr kaputtes Fahrrad mit auf die Wache. Dort befragte er sie nach dem genauen Namen und der Adresse ihrer Großmutter.

„Meine Oma heißt Kathrin Schreiber und sie wohnt am Lüneburger Stadtrand in der Neubausiedlung Kaltenmoor in der Wilhelm-Leuschner-Straße", antwortete Adele wahrheitsgemäß.

Der Polizist ging an das Telefon und führte mehrere Gespräche.

Dann kam er zu Adele und sagte: „Deine Eltern holen dich bald hier ab."

„Wieso denn meine Eltern? Ich will doch nach Oma und von Mama und Vati habe ich doch gar nichts gesagt?", wunderte sie sich. „Warum hat der Polizist mir nicht einfach geholfen und mein Fahrrad geflickt?"

Adele fühlte sich elend. Sie war müde und traurig, weil der Polizist sie angelogen hatte.

„Am liebsten würde ich heulen, aber ich schäme mich, wenn der Polizist mich heulen sieht", murmelte sie leise vor sich hin. „Und woher weiß er überhaupt, wer meine Eltern sind?"

Adele konnte die Welt nicht mehr verstehen. So hockte sie auf der Polizeiwache auf einer Bank und wartete auf die Dinge, die nun auf sie zukamen.

„Ich höre schon Mamas Geschimpfe, aber ich bin einfach zu müde, um Angst davor zu haben", flüsterte sie.

Der Polizist hatte gehört, dass Adele etwas gemurmelt hatte, doch er hatte sie nicht verstanden.

„Was hast du gesagt? Ich habe dich nicht verstanden", erkundigte er sich.

„Weil ich ja sowieso zurückmuss, kann ich den Polizisten auch fragen, wo ich eigentlich gelandet bin", überlegte sie. „Dann habe ich wenigstens eine Ausrede für mein Gemurmel."

Deshalb fragte sie den Polizisten, wo sie war. Vorher hatte sie sich das nicht getraut, weil sie sich damit verraten hätte.

„Du bist in Hünxe. Es dauert noch etwas, bis deine Eltern aus Homberg hier ankommen", antwortete er.

Als die Eltern dann in Hünxe ankamen, schimpfte ihre Mutter mit Adele: „Wie kannst du nur auf so eine verrückte Idee kommen, mit dem Fahrrad nach Lüneburg zu fahren? Weißt du nicht, wie weit das ist und wie lange du da unterwegs gewesen wärst?"

„Klar weiß ich das. Ich ärgere mich nur, dass ich schon bei der ersten Panne erwischt worden bin", brummelte Adele vor sich hin. „Warum hat der Polizist nicht einfach mein Fahrrad repariert und mir eine gute Fahrt gewünscht? Ich hätte schon den richtigen Weg gefunden."

Aber laut sagte sie, sie hätte das alles nicht bedacht.

Die Eltern luden Adeles kaputtes Fahrrad in den Kofferraum und Adele selbst musste ins Auto steigen. Dann fuhren sie nach Hause. Aber zu Hause sah Adele in den Atlas, wo Hünxe liegt.

„Hoppla, da habe ich mich in der Richtung aber ganz schön verschätzt. Ich bin ja viel zu weit nördlich gefahren. Das wurmt mich nun doch", murmelte sie. „Aber ich kann es sowieso nicht mehr ändern."

Und so ging es wieder im gewohnten Trott weiter. Einen weiteren Anlauf, um nach Lüneburg zu kommen, wagte Adele nicht. Dazu fehlte ihr der Mut.

Eines Tages saßen die Adele und ihre Freundinnen am Busbahnhof und veräppelten Passanten. Da kam ein Junge vorbei, der ungefähr im gleichen Alter wie die Mädchen sein musste. Der Junge gefiel Adele auf Anhieb.

Sie rief ihm zu: „Pass auf, dein Schnürsenkel überholt dich gerade!"

Der Junge blieb stehen und lachte mit den Mädchen. So lernte Adele Klaus kennen.

In der nächsten Zeit trafen Adele und Klaus sich entweder am Busbahnhof oder im Jugendzentrum, das sich dort in der Nähe befand. Klaus erzählte Adele, dass er sich meistens mit einer Clique auf einem Spielplatz, den sie einfach den „Spiely" nannten, träfe. Er nahm Adele mit zum „Spiely" und sie lernte seine Kumpel kennen. Adele fand die Clique einfach klasse.

Auf dem „Spiely" gab es auch ein Fußballfeld. Entweder spielten alle Fußball, alberten auf den Spielgeräten oder sie saßen auf den Palisaden vom Holzfort, hörten Musik und tranken Cola oder

Dosenbier. Michael besaß ein tragbares Transistorradio mit Kassettenspieler. Das brachte er meistens mit zum „Spiely", wenn die Clique Musik hören wollte. Das fand Adele viel lustiger als in der Stadt.

Ihre Mutter hatte natürlich wieder einen Grund zum Schimpfen, weil Adele jetzt meistens schmutzig nach Hause kam. Auch passte es ihrer Mutter nicht, dass Adele sich mit Jungen herumtrieb, wie sie es nannte. Adele erzählte ihr, dass in der Clique auch Mädchen seien, aber das glaubte ihre Mutter wieder einmal nicht. Dabei stimmte das wirklich. Da war zum Beispiel Michaels Freundin Britta. Oder seine Schwester Claudia.

Am nächsten Tag saß die Clique nur auf den Palisaden vom Holzfort. Sie tranken Dosenbier und hörten Musik. Doch dann waren die Batterien im Radio leer. Aber Michael hatte neue Batterien in der Hosentasche. Er wechselte sie. Adele stellte die leeren Bierdosen auf die Palisaden und alle versuchten, die Dosen mit den leeren Batterien von den Palisaden zu schießen.

„Dosenwerfen mal anders", lachte Adele.

Aber zielen will gelernt sein. Oft warfen sie weit an den Dosen vorbei. Immer wieder sammelten sie die Batterien ein und warfen sie erneut auf die Dosen. Jeder Treffer wurde laut bejubelt.

„Einen Moment bitte, ich gehe die Batterien einsammeln", rief Adele den andern zu.

Aber Klaus überhörte, was Adele rief. Sie ging hinter die Palisaden und bückte sich nach den Batterien. Klaus hatte noch eine Batterie in der Hand, die er genau in dem Moment warf, als Adele sich wieder aufrichtete, um zu den anderen zurückzugehen. Sie bekam die Batterie an die Schläfe. Der Schlag warf sie um und sie landete auf dem Hintern. Ihr Kopf brummte.

Sofort kamen alle angerannt und fragten, ob etwas passiert wäre. Adele rieb sich die Schläfe und schüttelte den Kopf. Ihre Hand war trocken, also konnte nicht viel passiert sein.

„Das gibt sicherlich nur eine schöne dicke Beule", meinte sie lachend.

Doch ein paar Minuten später kitzelte etwas an Adeles Hals. Sie dachte, eine Fliege würde sie ärgern und fasste sich an den Hals, um die vermeintliche Fliege zu verscheuchen. Als sie ihre Hand wieder vom Hals nahm, war sie ganz blutig.

„Oje, ich habe doch eine Platzwunde an der Schläfe", staunte sie. Klaus wollte Adele sofort zu einem Arzt bringen, doch sie weigerte sich. Sie ging auf den Friedhof neben dem „Spiely" und wusch sich das Blut an einem Wasserhahn, der da zum Blumengießen angebracht war, ab. Danach sah es schon nicht mehr so schlimm aus. Die Platzwunde war nur klein und bis Adele nach Hause gehen musste, würde man hoffentlich nichts mehr davon sehen.

Abends sah ihre Mutter die Platzwunde sofort, denn die Wunde hatte tatsächlich doch noch nachgeblutet. Adele erzählte ihr, sie hätte sich beim Toben auf dem Spielplatz mit dem Kopf an der Rutsche gestoßen.

„Ich kann Mama doch nicht erzählen, was wir wirklich gemacht haben", flüsterte sie Helga zu.

„Sonst bekomme ich nur wieder den Hintern voll. Erst recht, weil ich mit den anderen Bier getrunken habe."

Helga nickte.

„Ein Glück, dass Mama zu Hause auch immer Bier trinkt. So kann sie deine Bierfahne nicht riechen", flüsterte sie zurück. Aber dass Adele beim Biertrinken auch geraucht hatte, roch ihre Mutter sofort.

„So ein Mist! Langsam glaubt Mama mir nicht mehr, dass nur die anderen geraucht haben und ich nur daneben gestanden habe", flüsterte Adele ihrer Schwester zu.

Zum Glück konnte die Mutter Adele nicht beweisen, dass sie geraucht hatte und so musste sie es dabei belassen, nur zu schimpfen. Und daran hatte Adele sich ja schon gewöhnt.

Adeles vierzehnter Geburtstag wurde gar nicht richtig gefeiert, weil sie eine Woche später konfirmiert wurde. Aber sie bekam zum Geburtstag zwei neue Jeanshosen.

„Die Hosen ziehst du aber nicht zur Schule an. Du brauchst gute Hosen für Sonntags", erklärte ihre Mutter, als Adele die Hosen aus dem Geschenkpapier wickelte.

„Sonntags sieht mich doch keiner mit den Jeans", beschwerte Adele sich später bei Helga.

„Na ja, wenigstens habe ich schon mal welche", räumte sie hinterher ein.

Am Sonntag war Adeles Konfirmation. Ihre Großmutter aus Hagen hatte ihr für ihre Konfirmation mal wieder ein Kleid genäht. Ein schwarzes mit weißen Punkten und einem weißen Rüschenkragen. Adele bekam mit ihrer Mutter einen schlimmen Streit.

„Ich will dieses fürchterliche Kleid nicht anziehen", maulte sie. „Warum kann ich nicht eine dunkle Hose oder einen dunklen Rock mit meiner weißen Bluse tragen?"

Doch die Mutter setzte sich durch. Zu diesem hässlichen Kleid bekam Adele dann auch noch ein Paar schwarze Lackschuhe.

Sie murrte leise vor sich hin: „Damit sehe ich aus wie ein kleines Modepüppchen."

Die Mutter ließ Adele eine Dauerwelle machen und dann drehte sie ihr die Haare auf große Lockenwickler. Danach sah Adele aus wie ihre Mutter. Sie hatte das Gefühl, alle Leute machten sich heimlich über sie lustig. Sie fühlte sich richtig unwohl. Aber die Mutter fand sie richtig schick. Adele war es egal, ob ihre Mutter sie schick fand oder nicht. Sie brummelte vor sich hin. Einen Grund zum Freuen hatte Adele aber trotzdem. Ihre heißgeliebte Oma kam aus Lüneburg zu Adeles Konfirmation angereist.

„Dass Oma kommt, ist wenigstens ein Trostpflaster für dieses hässliche Kleid", gestand Adele Helga.

Die Konfirmation in der Kirche war richtig feierlich. Nachdem die Konfirmanden alle konfirmiert waren und ihr erstes Abendmahl bekommen hatten, mussten sie sich auf die Treppe der Kirche stellen und ein Fotograf machte ein Gruppenfoto.

„Und ich habe dieses blöde Kleid an. Ich schäme mich richtig dafür", flüsterte Adele mit Karin.

Karin winkte ab: „Du brauchst dieses Kleid doch nur heute tragen und dann kannst du es im Kleiderschrank einmotten. Aber ich bin schon froh, dass ich diesen Hosenanzug tragen darf."

Dadurch wurde Adeles Laune aber auch nicht besser. Nach dem Gruppenfoto ging Adeles gesamte Familie mitsamt allen Onkel, Tanten, Cousins und Cousinen einschließlich der Großeltern aus Hagen und der Großmutter aus Lüneburg im Stadtpark spazieren. Die Mutter gab an, als ob der Park ihr persönlich gehörte. Adele musste sich auf eine Wiese stellen und der Stiefvater machte ein Foto von ihr. Als sie an einer anderen Wiese vorbei spazierten, musste Adele sich noch einmal für ein Foto hinstellen. Dieses Mal stand Helga neben ihr.

Nach dem Spaziergang im Stadtpark wurde zu Hause gefeiert. Die Wohnung war brechend voll, denn neben den Geschwistern und Eltern der Mutter waren auch alle Geschwister vom Stiefvater gekommen. Adele und Helga sollten mit ihren Cousins und Cousinen nach draußen gehen, damit etwas mehr Platz in der Wohnung war.

„Aber in diesem Kleid gehe ich nicht mehr auf die Straße", wehrte Adele sich. „Und wenn Mama mir wieder den Hintern versohlt. Das ist mir egal. Ich habe mich mit dem Kleid schon genug geschämt", flüsterte sie Helga zu.

Doch ihre Mutter erlaubte Adele, eine von den neuen Jeanshosen anzuziehen. Jetzt war Adele richtig stolz. Sie besaß eine Jeanshose und sie durfte sie sogar tragen. Ihre Patentante Erika aus Lüneburg hatte der

Großmutter eine Bluse für Adele mitgegeben, weil sie nicht selber zur Konfirmation ihres Patenkindes kommen konnte.

„Eine karierte Bluse. Die passt wunderbar zur Jeans", freute sie sich.

Nun sah sie aus, wie ihre Klassenkameradinnen. So ging sie gerne nach draußen.

„Jetzt muss ich nur noch zusehen, wie ich diese blöden Locken loswerde", überlegte sie.

Im Badezimmer bürstete Adele ihre Haare ordentlich durch, aber die Locken bekam sie damit nicht weg.

„Hm, Mama hat doch immer Angst, Regen könne ihre Frisur ruinieren", fiel ihr ein.

Schnell steckte sie den Kopf unter den Wasserhahn und siehe da, jetzt hatte sie lauter kleine Löckchen.

„Das sieht doch schon besser aus", jubelte sie.

Adele bürstete ihre Haare noch einmal durch.

„Ja, so kann ich mich sehen lassen", freute sie sich.

Zufrieden ging sie mit den anderen nach draußen. Ihre Mutter war in der Küche beschäftigt und bemerkte nicht, was Adele im Badezimmer machte.

Helga ging mit den Cousins Walter, Ralf, Daniel und Jochen, sowie der kleineren Cousine Michaela hinter das Haus, wo sie auf der Wiese spielten. Adele nahm die Cousinen Renate und Sabine mit in die Stadt. Sie besuchten das Jugendzentrum.

„Mama hat ja nichts davon gesagt, dass wir am Haus bleiben sollen", kicherte sie.

Aber Renate und Sabine wollten nicht kickern oder Tischtennis spielen. Und zu Gesellschaftsspielen hatten die beiden auch keine Lust. So setzten sich die Mädchen in eine Sitzgruppe und langweilten sich. Sie wussten nicht, über was sie sich unterhalten sollten.

„Komisch, mit meinen Freundinnen habe ich immer irgendetwas zu erzählen", wunderte Adele sich.

Darum ging sie mit ihren Cousinen auch bald wieder nach Hause.

„Mit den beiden kann man ja gar nichts anfangen", murrte sie vor sich hin. Heimlich verdrückte Adele sich und ging zum „Spiely".

„Vielleicht ist die Clique ja da", murmelte sie.

„Ja, tatsächlich", freute sie sich, als sie am „Spiely" ankam.

Alle gratulierten Adele zur Konfirmation. Klaus fiel sogar auf, dass sie eine Jeanshose trug. Ihm gefiel das, was Adele anhatte und wie sie die Haare trug.

„Das musst du immer tragen", sagte er.

„Leider darf ich das aber nicht. Meine Mutter will, dass ich die Jeanshosen nur an Sonntagen trage," antwortete Adele. „Ich kann auch nicht lange bleiben, denn eigentlich soll ich mich um meine Cousins und Cousinen kümmern."

Sie erzählte ihrer Clique, dass mit ihrem Besuch nicht viel anzufangen war, und dass sie sich mit denen nur langweilte. Dann machte sie sich wieder auf den Weg nach Hause, damit niemand bemerkte, dass sie überhaupt weg war. Klaus begleitete Adele noch ein Stück.

Jochen hatte gepetzt, dass Adele weggegangen war. Prompt bekam sie wieder Ärger mit ihrer Mutter.

„Ich war mit Renate und Sabine in der Stadt im Jugendzentrum. Und danach bin ich noch ein bisschen spazieren gegangen, weil mir langweilig war", verteidigte Adele sich.

Die Mutter konnte nicht verstehen, dass Adele sich mit so vielen Kindern langweilte.

„Mama hat ja keine Ahnung, dass man mit denen nichts anfangen kann", dachte Adele grimmig. „Sie sind einfach nur langweilig."

Ihre Mutter roch natürlich wieder, dass Adele am „Spiely" noch schnell eine Zigarette geraucht hatte.

„Aber ich habe Renate und Sabine doch das Jugendzentrum gezeigt. Da haben andere geraucht und der Rauch hängt da im Raum", erklärte Adele.

Zum Glück bestätigten Renate und Sabine das auch noch.

„Puh, noch einmal Glück gehabt. Mama ist nicht aufgefallen, dass die beiden nicht nach Rauch riechen", stöhnte Adele leise.

Zur Feier des Tages durfte Adele mit den Erwachsenen ein Glas Sekt trinken. Ihre Mutter meinte, mit der Konfirmation wäre sie jetzt ein bisschen erwachsener.

„Wenn Mama wüsste, wie viele alkoholische Getränke ich schon getrunken habe", dachte Adele still vor sich hingrinsend. Dass ihre Haare anders aussahen, hatte die Mutter immer noch nicht bemerkt. Aber der Großmutter aus Lüneburg fiel es auf.

„So siehst du aber besser aus, als mit den großen Locken", raunte sie Adele zu.

Adele strahlte.

„Ist Oma die Einzige, die mich mal richtig anguckt?", fragte sie sich, während sie an ihrem Sektglas nippte.

Dann beugte Adele sich zu Helga und flüsterte: „Ich sage ja, Oma versteht uns immer. Ihr gefällt es auch, wenn ich Jeans anhabe. Sie findet sowieso alles Moderne toll. Sie ist nicht so altmodisch wie Mama, obwohl sie viel älter ist."

Helga nickte nur, um zu zeigen, dass sie der gleichen Meinung war, wie Adele.

Adele war traurig, als Oma Kathrin nach der Konfirmation wieder abreiste.

„Aber in den Sommerferien fahren Helga und ich wieder nach Oma. Da freue ich mich schon riesig drauf. Hoffentlich geht die Zeit bis zu den Sommerferien schnell um", murmelte Adele abends im Bett zu ihrer Puppe Anja.

Sie sprach aber nur sehr leise, damit Helga sie nicht hörte, denn eigentlich schämte Adele sich, dass sie in ihrem Alter immer noch mit ihrer Puppe sprach. Aber die Puppe war ihr einziger Trost. Adele war traurig, dass ihr Vater nicht zu ihrer Konfirmation gekommen war.

„Papa mag mich nicht mehr oder er hat mich vergessen", vertraute sie ihrer Puppe an.

Von ihrem Geld, das sie zur Konfirmation bekommen hatte, kaufte Adele eine Jeansjacke. Ihre Mutter fand zwar, dass Adele sich von dem Geld etwas Besseres kaufen sollte, aber Adele durfte die Jeansjacke doch kaufen, denn sie erklärte ihrer Mutter, dass die Jacke wunderbar zu den neuen Jeanshosen passen würde. Die Mutter schimpfte, weil die Jacke so teuer war, denn Adele kaufte sich eine Jacke von Wrangler.

„Markensachen sind nun einmal teuer", erklärte Adele.

Weil Adele sich auf ihrer Konfirmation mit der neuen Jeanshose am „Spiely" auf die Palisaden gesetzt hatte, hatte die Hose am Hintern einen Fleck, den ihre Mutter auch beim Waschen nicht mehr herausbekommen hatte. Deshalb durfte Adele die Jeanshose jetzt auch zur Schule anziehen, denn mit dem Fleck war die Hose für Sonntags nicht mehr gut genug. Dabei sah man den Fleck fast gar nicht. Aber Adele war das natürlich nur recht. Trotzdem hatte sie immer einen Kampf mit ihrer Mutter, weil diese nicht wollte, dass Adele die teure Jacke dazu anzog. Doch Adele setzte sich durch. Schließlich hatte sie die Jacke von ihrem eigenen Geld gekauft.

Es war modern, wenn man etwas auf seine Jacke schrieb. So lieh Adele sich von Michael einen dicken Eddingstift und schrieb ihre Lieblingsmusikgruppe ganz groß auf den Rücken der Jacke. Die Mutter bekam bald zuviel. Sie schimpfte wie ein Rohrspatz. Adele bekam den Hintern versohlt, aber das war ihr die Sache mit der Jacke wert. Sie wusste ja, dass ihre Mutter die Schrift auch mit Waschen nicht mehr aus der Jacke bekommen würde. Also prangte nun ganz groß „Status Quo" auf Adeles Rücken. Stolz trug sie ihre Jeansjacke.

Susanne Schäfer ist in Lüneburg geboren, lebt aber am linken Niederrhein. Schon seit ihrer Jugendzeit (also schon etwa 40 Jahre lang) schreibt sie, was ihr gerade einfällt, aber seit ihrer Erkrankung vor 4 Jahren fällt ihr das Schreiben sehr schwer. Trotzdem versucht sie es immer weiter.

Bild: Marie, 8 Jahre – Titel: Die Sonnenblumenwiese

Fast eine Kindheit.
Heinz Flischikowski

Da gab es diesen Lehmhügel direkt vor unserem Haus. Ein umgebauter Pferdestall, ich kann mich nur schwach erinnern.

Das Haus klebte direkt an einer riesigen Villa, in der niemand mehr lebte. Die Fenster waren verrammelt und die große Eingangstüre mit Steinen zugemauert. Einmal kam ein Fremder den Lehmweg herunter und beobachtete mich.

„Was machst du da, Kleiner?" Ich fuhr mit meinem kleinen Kettcar über den harten Lehmboden.

„Ich fahre mit meinem Auto, wie mein Papa."

„Leben deine Eltern hier in der alten Villa? Möchtest du dir ein Eis verdienen?" Der ältere Herr wankte auf mich zu. So wie meine Mutter, wenn sie den ganzen Tag im Haus war und fluchend auf meinen Vater wartete. „Wir leben im Pferdestall. Hier in dem Haus spukt es. Da leben nur Geister." Ich drehte mit meinem Kettcar um und fuhr schnell zurück zu unserem kleinen Haus. Ich hatte Angst vor Menschen die wanken.

Eine gepflasterte Straße gab es nicht. Es war nur ein kleiner Weg, der durch das Grün an der alten Villa vorbeiführte, und am Ende begannen die Schrebergärten. Der einzige Zugang zu diesen Gärten war ein großer Lehmhügel. Wenn du oben warst, kamst du an einen Zaun. Wir Kinder schlichen immer durch zerschnittenen Maschendraht hindurch. Ich verbrachte mit meinen Freunden aus der

Nachbarschaft etliche Stunden in diesen Schrebergärten. Es war neben der evangelischen Kirche, auf deren Wiese wir trotz Verbot des Pfarrers Fußball spielten, unser Lieblingsplatz. Wir klauten den sauren Rhabarber und kauten ihn ungewaschen hinter den Büschen. Äpfel, Birnen, Kirschen und Pflaumen in Hülle und Fülle. Ein Paradies für uns Fruchtzwerge.

„Warst du wieder in den Gärten", fragte mich meine Mutter und hielt das zerrissene Hemd hoch. „Na, warte, wenn das dein Vater sieht."

Mein Vater kam meistens spät abends in das Haus. Er hatte einen harten Job. Er fuhr Kies mit großen Lastern und irgendwann nahm er mich tatsächlich mal mit. Ich liebte es, auf diesem großen Beifahrersitz neben meinem Vater zu sitzen. Dieser Geruch nach Öl, Schweiß, Metall und Sprit. Und dieser lange Knüppel mit dem mein Vater den LKW schaltete. Ein echtes Abenteuer. Wir fuhren unter eine Metallkonstruktion mit Röhren, aus welcher der Kies mit Wasser auf die Ladefläche schoss. Ein Höllenlärm, und ich machte mir nach langer Zeit in die Hose. Ich schrie und weinte, aber mein Vater schaute nur aus dem Fenster und sagte nichts.

Es war das erste Mal, dass ich als Kind an meinem Vater zweifelte. Kies und Wasser liefen an allen Scheiben herunter und der Krach hörte nicht auf. Warum beschützte er mich nicht? Dieser große starke Bär mit diesen riesigen Händen und seiner krächzenden Stimme, wenn er laut wurde. Er wurde oft laut, wenn er mit Mutter sprach. Er sprach nicht, er schrie. Manchmal schlug er sie, bis sie weinte. Ich verstand das nicht und flüchtete in mein Zimmer. Mein Vater hatte durch den Krieg nur noch ein Stimmband. Er war fast zwanzig Jahre älter als meine Mutter. An der Ostfront saß er auf dem Krad. Zweimal schossen ihn russische Scharfschützen vom Motorrad. Ein Streifschuss unter der Wange und einer am Hals. Das erzählte er mir mal viele Jahre später, als wir in der Stube eine Flasche Whiskey leerten.

Es war die Zeit, wo ich auch jeden Tag nur noch wankte. Wie meine Mutter. Ich liebte meinen Vater als Kind, auch wenn ich Angst vor ihm hatte. Er beschützte mich oft vor Mutter, wenn sie wieder mal betrunken war und mich mit einem Kleiderhaken durch die Wohnung jagte. Ich musste ihr wohl viel Kummer machen.

„Wenn du nicht wärst, dann wäre ich schon lange von deinem Erzeuger weg", schrie sie und schmiss mit einem Glas nach mir. Ich rannte in mein Zimmer und versteckte mich unter meinem Bett. Hier konnte sie mich nicht kriegen. In Gedanken schmiedete ich Pläne, wie und wann ich sie umbringen würde.

Ich verstand das alles nicht, aber ich fühlte mich ständig überfordert und schuldig und ich schämte mich. Ich war gerade fünf Jahre alt. Die Schuld und Scham hielt noch lange an, bis sie sich in einem tiefen Hass verwandelte.

Im Sommer kam ein Rabenpaar zu uns ins Haus. Der Tisch in der Stube stand direkt am Fenster und das Fenster stand im Sommer oft offen. Plötzlich kam ein großer schwarzer Vogel durch das Fenster stolziert.

Ich hatte einen riesen Schreck und traute mich nicht mehr mein Brot zu kauen. Mein Vater sah ihn und sagte nichts. Ein zweiter Vogel kam ebenfalls bis an das Fenster. Er schien zu warten, und Vater fütterte die Raben an. Er sagte kein Wort dabei, schmiss ihm etwas Brot vor die Füße und wartete ab. Der Vogel schaute ihn mit seinen tiefschwarzen Augen an und sein Gefieder leuchtete bläulich in der Sonne. Was für ein wunderbares Tier. Dann pickte er das Brot auf und ging wieder raus. Auf dem Fenstersims teilte er das Brot mit dem anderen Raben. Sie waren ein Paar, unzertrennlich und sie sollten jedes Jahr wiederkommen. Nach vier Jahren kam nur noch ein Vogel. Er kam auch nicht mehr in die Stube. Er saß auf einem Ast, draußen auf dem Weg auf einen der vielen Bäume und schaute zu uns herüber. Vater sagte wie immer nichts und drehte sich ab.

„Wo ist der andere Vogel Papa", fragte ich ihn, aber er ging ins Haus.

„Er kommt nicht mehr", sagte er und packte seine Tasche. Ich verstand die Welt nicht mehr. Wieso war der Rabe plötzlich alleine? Ich traute mich nicht, meinen Vater zu fragen.

Heinz Flischikowski ist 1962 in Duisburg geboren und aufgewachsen in Mülheim/Ruhr. Seine ersten Lyrikbände entstanden zwischen 2011 und 2013 auf Sylt und in Hamburg. 2016 und 2017 bringt er zwei Kinderbücher auf den Markt. Flischikowski schreibt international für verschiedene Magazine und Agenturen.

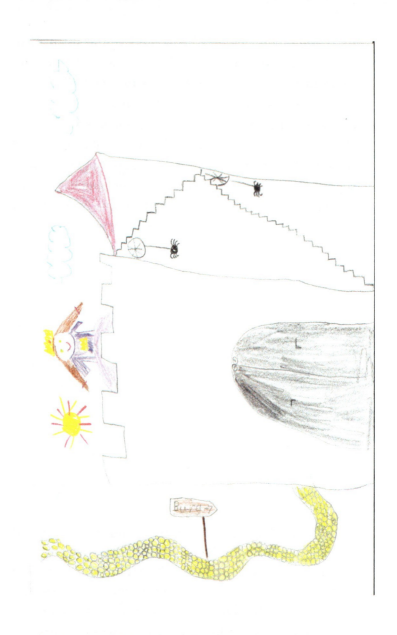

Bild: Tamara, 8 Jahre – Titel: Das Burgfräulein

Bild: Ole, 9 Jahre – Titel: Mittagessen im Garten

Geliebte Mutter
Sabine Runge

Alfred und Wübke Wittbecker sind ein glückliches Ehepaar. Mit ihren zwei Kindern Claus, elf Jahre alt, und Sabine-Jessica, acht, leben sie in der Kleinstadt Nordenham. Zwei Einfamilienhäuser stehen einsam in einer Straße, umringt von Wiesen sowie Feldern. Hinter dem Haus läuft ein Kanal entlang. Ein wahres Paradies für aktive Kinder.

Claus ist ein überaus ruhiger Junge. Zurzeit besucht er die siebente Klasse eines Gymnasiums. Sabine hört auf zahlreiche Rufnamen. Die Eltern nennen sie Sabine, Jessica oder Bine. Von ihren Freunden wird sie Jessy oder Winni, eine Abkürzung des Nachnamens gerufen. Der Name Bine kommt bei den Freunden äußerst selten vor. Zudem mag Sabine ihren Namen nicht. »Sabine, Sabine wie seid ihr auf diesen blöden Namen gekommen? Jessy ist mir viel lieber«, sagt sie zu ihrer Mutter.

»Sabine ist so ein wunderbarer Name. Wübke ist ein schrecklicher Name«, meint die Mutter.

»Nö, den Namen finde ich knorke«, kontert sie.

Bine besucht die vierte Klasse der Grundschule. Beide Kinder wurden im Alter von fünf Jahren eingeschult. Das zierliche Mädchen hat eine Menge Streiche im Sinn. Sie ist ein Wirbelwind, wie es im Buche steht. Zudem verwechseln zahlreiche Personen sie mit einem Jungen. Sie liebt das Spielen mit dem Fußball, klettert in Bäumen herum, prügelt sich mit Jungens, rennt und springt über breite Gräben. Wie ein

Mädchen sieht sie jedenfalls nicht aus. Jeans nebst Pulli trägt sie am liebsten. Bereits im Alter von neun Monaten konnte sie laufen. Im Alter von einem Jahr erklomm sie erste Hürden, den Küchenschrank zum Beispiel. Dabei stibitzte sie Süßigkeiten. Die ersten kleineren Bäume standen ebenfalls auf ihren Plan. Kurz, sie ist das totale Gegenteil des Bruders.

Claus spielt mit Puppen, er strickt gerne. Er ist zart, empfindlich. Die Mutter sagt oft: »Was habe ich bloß falsch gemacht? Mein Sohn benimmt sich wie ein Mädchen und meine Tochter wie ein Junge« Aber eines hat die Familie gemeinsam. Sie sind alle außergewöhnlich musikalisch. Zurzeit erlernen beide Kinder das Klavierspielen. Singen und Tanzen liegen der Mutter und Bine sehr. In der Schule nimmt Bine tatkräftig am Schultheater teil. Ansonsten singt sie im Schulchor.

An einem Nachmittag ist der Opa zu Besuch. Bine liebt diesen alten Mann in höchstem Maße. Urkomisch ist er, obendrein ulkig. Genauso liebevoll wie ihre Eltern. Eine unbeschwerte Kindheit liegt vor ihr, so denkt man.

Jedenfalls möchte sie heute in den großen Birnenbaum klettern, um für ihren Opa dicke Birnen zu pflücken. Bekanntlich hängen die saftigsten hoch oben im Baum.

Sie bindet sich einen Rucksack um, schwingt ein Seil über einen dicken Ast, ruckzuck sitzt sie ohne Frage auf dem ersten Ast. Die Mutter schaut zum Fenster raus. Sie ruft entsetzt: »Bine, verdammt ich sage es jetzt zum allerletzten Mal, komm von dem Baum runter. Du brichst dir noch alle Knochen.«

Bine schaut sich zwar zu ihrer Mutter um, stellt ihre Ohren aber auf Durchzug. Zu herrlich ist es, höher und höher zu klettern, um von den obersten Ästen Birnen abzupflücken. Zudem kann man auf das Hausdach gucken. Den Baum kennt sie in- und auswendig. Immer lässt sie sich, nachdem der Rucksack gefüllt ist, von den Ästen, die sie ohne Seil partout nicht erreicht, in den weichen Sand fallen. Das hat sie tausend Male heimlich getan, wenn ihre Mutter nicht dabei war. Gebrochen hatte sie sich nie etwas. Sobald sie wieder am Boden ist, sieht sie aus den Augenwinkeln, wie ihre Mutter die Hände vor die Augen schlägt. »Siehste, nix passiert. Du warst doch genauso. Hast du jedenfalls erzählt.«

Aber an diesem Nachmittag, nachdem die Mutter sich die Seele aus der Kehle ruft, ignoriert Bine ihre Mutter. »Ganz oben sind nun mal die dicksten Birnen. Ich möchte euch die schönsten Birnen bringen«, erklärt sie.

Längst ist der Opa zur Stelle. Er ruft: »Sabine Wittbecker, sieh zu, dass du dort runterkommst.« Wenn der Opa sie mit dem Nachnamen Wittbecker anspricht, weiß Bine, dass er enorm erzürnt ist. Natürlich ist es nur Angst, die der Opa um seine Enkelin hat. Opa ist nie böse, er tut nur so.

»Nö, komm du doch rauf, Opa«, kontert sie.

Sorgenvoll schleppt der Opa eine Leiter aus dem Schuppen, der sich hinter dem Haus befindet. Er stellt die Leiter am Baum und beginnt, Stufe für Stufe hochzusteigen. Bine lacht sich kaputt, klettert dabei immer höher. Sie lässt ihren Blick nach unten schweifen, zudem findet sie es zum Kichern, wie ungelenk der Opa die Sprossenleiter hochsteigt.

»Na alter Mann, wird das heute noch was?«

»Na warte, wenn ich dich erwische, dann kannst du was erleben.« Bine ist flink wie eine Katze. In Windeseile klettert sie an der anderen Seite des Baumes hinunter. Unten grübelt sie, ob sie die Leiter umschubsen soll. »Ja, warum nicht«, flüstert sie. Sie stößt die schwere Leiter einfach um, danach rennt sie lachend ins Haus. Schimpfend sitzt der Opa oben im Baum; in diesem Augenblick weiß er nicht, wie er dort wieder herunterkommt. Die Mutter eilt herbei, um ihrem Schwiegervater zu helfen.

In der Küche ist Bine nicht nur voller Schmutz, nein, sie hat sich einen Ärmel von ihrer neuen Jacke abgerissen. »Bine, das glaube ich jetzt nicht«, sagt die Mutter. »Deine Jacke ist nagelneu, kannst du denn nicht aufpassen?«

»Ach, Mama, den habe ich doch mitgebracht, sieh her!« Sie kramt in dem Rucksack herum, zieht neben dicken, reifen Birnen den Ärmel heraus.

»Guck, den kannst du doch wieder annähen.« Dabei wischt sie sich den Schnott aus ihrer Nase am anderen Ärmel ab.

Nachdem Opa die Leiter weggeräumt hat, muss er sich erst einmal setzen. »Hier Opa für dich. Die sind in der Tat dick, saftig einfach herrlich süß«, meint sie. Da sie mit ihrem niedlichen Gesicht einen unglaublichen Dackelblick auflegt, ist der Opa ihr überhaupt nicht böse. Sie besitzt schöne katzengrünen Augen und dicke rotbraune Locken. Einfach zu süß, dieses Kind. Nicht nur vom Äußeren eine Zaubermaus, nein, ebenso ihre grandiose, niedliche Art lässt alle Erwachsenenherzen dahinschmelzen. Das nutzt sie in vollen Zügen aus.

Folglich ist die zerrissene Jacke vergessen. Eine neue muss her. Nichts Neues für die Eltern. Bine, Jessy oder Winni ist eben ein außergewöhnliches wildes Kind, das die Welt entdeckt.

Nach dem Abendessen spielt sie mit ihrem Bruder am Klavier. Auch Vater Alfred und Opa August spielen Klavier, Akkordeon, Mundharmonika. Zusammen wird Hausmusik fabriziert. Mutter Wübke singt dazu. Das hört sich beileibe fantastisch an. Eine weitere Besonderheit besitzt das kleine zierliche Mädchen ebenfalls. Für ihr junges Alter besitzt sie enorm gute Menschenkenntnisse. Sie beobachtet ihre Mitmenschen sehr tiefgründig. Binnen weniger Minuten kann sie fremde Kinder oder Erwachsene einschätzen. Jedes Mal liegt sie richtig. Sie sagt zu Claus: »Mama sieht heute wieder so blass aus. Warum erzählt sie nicht, was sie hat«?

»Mmh«, meint Claus. »Wie meinst du das? Sie war in der Arbeit, das Mittagessen ist fertig, im übrigens ist alles blitzeblank. Ich denke, es geht ihr gut.«

Die Mutter muss oft ins Krankenhaus. Der Vater kümmert sich genau wie die Mutter besonders liebevoll um seine Kinder. Wenn Wübke ins Krankenhaus muss, nimmt er sich Urlaub, damit die Kinder versorgt werden. Oft auch unbezahlten Urlaub.

Denn Wübkes sechs Geschwister sind selbst Eltern, einige von sieben Kindern. Keiner der Geschwister ist in der Lage, sich um zwei weitere Kinder zu kümmern. Alfred ist ein Einzelkind und nur sein Vater August lebt noch. Beruflich ist er als Berufsschullehrer tätig und kann es sich leisten, unbezahlten Urlaub zu nehmen. Wübkes Eltern leben schon lange nicht mehr. Sie waren waschechte Ostfriesen. Wübke ist ein ostfriesischer Name.

Eines Tages klagt die Mutter über Schmerzen im Unterleib. Behutsam bringt sie ihre Kinder zu Bett und lässt sich nichts anmerken. Doch Bine sieht, dass irgendetwas nicht stimmt. Sie wälzt sich lange Zeit im Bett hin und her, bis sie einschläft. Der nächste Morgen ist zur Freude der Kinder ein Sonntag. Nach dem Frühstück fährt Claus mit seinem ›Bonanza-Rad‹ zu Freunden. Alfred muss Klassentests korrigieren.

Bine, die immer dubiose Ideen hat, schleppt unbemerkt Töpfe und Deckel aus dem Hause. Sie baut sich auf der Terrasse ein Schlagzeug zusammen. Deckel hängen an einem Wäscheständer. Mit zwei Kochlöffeln schlägt sie auf die Töpfe und Deckel. Der Krach ist nicht zu überhören, trotz allem klingt es gar nicht schlecht, was Bine Musik nennt.

Die Mutter rennt schmerzverzerrt zu ihrer Tochter und sagt: »Musst du immer so einen Krach machen? Die Nachbarn beschweren sich ständig. Bring sofort die Töpfe wieder ins Haus oder worin soll ich heute kochen?«

»Ach, Mama, welche Nachbarn? Es wohnen doch nur wir und Tante Erika hier. Ihr macht das überhaupt nichts aus, wenn ich mit der Musik beschäftigt bin.«

In dem Moment krümmt sich die Mutter vor Schmerzen. Bine sieht, wie Blut unter dem Rock hervorkommt, das bis zum Boden an den Beinen der Mutter herunterläuft.

»Papa, Papa, komm schnell her. Die Mama blutet so stark!« Bine stützt weinend die Mutter. Ihre kleinen Hände sind voller Blut. Langsam setzt Wübke sich ins weiche Gras.

Der Vater eilt heran, erkennt sofort, was los ist. »Bine gehe ins Haus, rufe den Krankenwagen!«

Das kleine Mädchen rennt, so schnell es kann ins Haus, wählt mit blutverschmierten Fingern eine Nummer mit der Drehscheibe des Telefons. Wichtige Telefonnummern kennt sie auswendig. Dann rast sie zurück zu ihren Eltern. Die Nachbarin Erika kommt ebenfalls hinzu. Erika ist die beste Freundin der Mutter. Sie dreht die weinende Bine von der Mutter weg. Das Kind ruft klagend und ängstlich »Mama, Mama, du darfst auf keinen Fall sterben.«

»Ach, was«, meint Erika.

»Die Mama stirbt doch nicht. Komm jetzt mit zu uns rüber.« Bine schaut zitternd immer zur Mutter hin, bis sie im Nebenhaus mit Erika verschwindet. Sie wäscht dem Mädchen die Hände, dabei versucht sie sie zu beruhigen.

Der Krankenwagen bringt die Mutter ins Krankenhaus. Anschließend lässt Erika Bine zu ihren Vater gehen. Schluchzend flüstert sie: »Papa, ich soll die Töpfe wieder ins Haus bringen ja. Wer kocht denn nun, wer kocht denn nun?«, bibbert sie. Der Vater verhält sich äußerst ruhig. Er möchte keine Panik verbreiten.

»Bine, hör mir zu. Ich muss zum Krankenhaus. Die Mama braucht Kleidung. Das kennst du mittlerweile. Hilfst du mir packen?«

»Ja, ich kann das alleine. Ich mache das, okay? Ich rufe dann Claus an, dass er nach Hause kommt.« In Windeseile haben die zwei einige Sachen zusammengepackt. Erika kann leider nicht bei Bine bleiben, da sie arbeiten muss.

Der Vater sagt: »Was mache ich nur mit dir? Ich kann dich unmöglich alleine lassen!«

»Papa, sorge dich nicht um mich. Claus kommt gleich. Wir sind wirklich total lieb.«

Alfred lässt auf keinen Fall seine achtjährige Tochter allein zu Haus. Mitnehmen kann er sie auch nicht, denn in den Sechzigern durften Kinder keine Patienten im Krankenhaus besuchen. Mit großem Unwohlsein wartet der Vater auf seinem Sohn. Endlich ist er da. Alfred erklärt Claus, was los ist, dass er sofort zum Krankenhaus muss. »Schmiert euch Brötchen auf, trinkt kalten Kakao. Ich beeile mich.« Dann fährt er los.

Bine denkt zurück an eine Zeit, als sie fünf Jahre alt war. Sie besaß eine Wolldecke, ihre Schmusedecke, die sie immer hinter sich herschleppte. Die blieb einige Jahre in einer Wäschetruhe. Das Mädchen holt diese Decke aus der Truhe hervor, läuft auf die Terrasse. Sie wirft die Kuscheldecke über eine Wäscheleine, umarmt sie, drückt ihr kleines Gesicht in die Decke.

Sie schaukelt hin und her und summt eine Melodie. Zeitgleich redet sie mit sich selbst.

»Übrigens, ich bin kein Stück gläubig, Beten kenne ich nicht, wir sind nicht einmal getauft. Aber du da oben, wenn es dich gibt, dann mache meine Mama gesund. Sie darf auf keinem Fall sterben, sie ist noch jung, wir brauchen sie, hörst du?«

Anschließend geht sie ins Haus. Sie überlegt, wie man Gulasch kocht. Denn das wollte die Mutter heute kochen. Claus schmiert gerade Brötchen auf. Bine spült die Töpfe ab, die sie draußen als Schlagzeug benutzt hat. Oft sah sie zu, wie die Mama kochte.

»Hilf mir. Los komm schon«, befiehlt sie ihrem Bruder.

»Ich kann nicht kochen und du sollst auf keinen Fall alleine an den heißen Herd.«

»Mir egal, ich mache das aber« Sie holt das Fleisch aus dem Kühlschrank. Pilze stehen auf der Spüle. Eine schwere Pfanne stellt sie auf den Herd, legt Butter hinein, dann schaltet sie die richtige Herdplatte an. Das Fleisch würzt sie mit Salz, Pfeffer, Paprika. Claus guckt zu. Er sagt: »Zwiebeln gehören dazu. Warte, ich schäle sie.«

Zusammen schaffen sie es, das Gulasch zu braten. Kartoffeln und Gemüse möchten sie nicht kochen. »Nudeln reichen«, meint Bine.

»Ja, stimmt«, antwortet Claus.

Plötzlich hören sie die Haustür. Der Vater hängt den Autoschlüssel ans Schlüsselbrett, dann geht er in die Küche. »Was macht ihr denn da?«, fragt er.

»Wir bereiten das Gulasch zu. Die Mama muss essen, sie muss essen, sie muss essen, damit sie schnell gesund wird«, schluchzt die Tochter.

»Das wird sie doch, oder?«, fragt sie.

»Was ist mit Mama?«, hinterfragt Claus.

»Keine Sorge. Sie wird operiert. Es ist halb so schlimm. Kein Vergleich zum letzten Mal. In zehn Tagen haben wir sie wieder.«

»Der Krebs ist aufs Neue da, oder?«, fragt Claus.

»Ja, zum Glück nur ein kleiner Tumor. Der ist geplatzt, darum das viele Blut«, erklärt der Vater. Er sieht Bine an, wie erleichtert sie ist. Er nimmt sein Kind auf dem Arm, zugleich verspricht er: »Es wird alles gut. Habe keine Angst, mein Schatz.«

Fragend schaut sie ihren Vater an. Sie flüstert: »Krebs? Was ist Krebs?«

»Das ist eine furchtbare Krankheit, die der Mama zu schaffen macht. Aber sie ist genauso stark wie du, mein Engel.«

»Ja, ich bin enorm stark. Wenn das so ist, ist alles halb so wild. Warum verliert sie ihre Haare, Papa?«

»Durch die Bestrahlung. Das ist leider so. Die Haare wachsen wieder nach.« Dabei kitzelt er seine Tochter, bis sie ihn lachend anschaut.

Sie decken den Tisch ein. Verwundert sagt der Vater: »Wie habt ihr das denn geschafft? Das Gulasch schmeckt fabelhaft. Mama platzt vor Stolz. Ich werde es ihr erzählen.«

Bine meint: »Paprikagewürz. Damit wird das Essen schärfer. Deshalb schmeckt es anders. Kannst du was mitnehmen? Sag Mama, ab jetzt koche ich, sollte sie noch einmal krank werden. Wann dürfen wir sie besuchen?«

»Ihr wisst beide, dass Kinder unter zwölf Jahren niemanden im Krankenhaus besuchen dürfen. Ihr müsst euch gedulden. Sie bekommt, wie gehabt, diese Chemo.«

»Ja«, antwortet Bine. »Dann muss sie sich immer übergeben. Ich will nicht, dass sie sich so übel fühlt.«

Nach zehn Tagen ist die Mutter wieder zu Hause. Die Familie ist erleichtert und glücklich.

Sabine übte mehrere Jahre weiterhin Streiche zu Hause und in der Schule aus. Eine Zeitlang lief alles wie am Schnürchen. Doch bedauerlicherweise erlebten die Kinder noch oft solche Vorfälle.

Bine übernahm ab dem achten Lebensjahr viele Dinge im Haushalt. Trotz allem genossen die Kinder eine wunderbare unbeschwerte Kindheit. Im Jahre 2001 starb die Mutter im Alter von sechsundsechzig Jahren. Aber nicht an Krebs. Acht Jahre später starb der Vater.

Sabine Runge, geboren in Nordenham. Wohnt im Kreis Stadland-Rodenkirchen. Sie schreibt seit vier Jahren im Bereich: Fantasie, Abenteuer, wahre Begebenheiten, Fachlektüre.

Schneekugel und Krötenfrosch
Ursula Stingelin

An einem lauen Sommerabend schlenderte Hermann Stern mit seiner neuen Flamme engumschlungen am Rheinufer entlang. Sie hieß Amandine, war eine wunderschöne Frau, hatte schwarze Locken und tiefblaue Augen. Er konnte es kaum glauben, das zierliche Schneewittchen hatte ihn an der Vernissage angesprochen.

Das Paar ließ die belebte Promenade hinter sich. In der Nähe des alten Hafens setzten sie sich auf einen Bootssteg.

Noch in derselben Nacht schwor Amandine mit Hermann Stern bis ans Ende der Welt zu reisen. Sie hatten sich viel zu erzählen. Die beleuchteten Fenster der gegenüberliegenden Häuser spiegelten sich im Schwarz des Wassers.

»Hermann Stern, seit Jahren leben wir in Basel. Sag mir, warum wir uns noch nie begegnet sind. Wir bewegen uns in denselben Kreisen«, flüsterte Amandine.

»Ja, das wundert mich auch. Nur vergiss den Hermann. Meine Eltern bewiesen wenig Fantasie. Schon Großvater und Vater hießen Hermann. Meine Mutter wollte einen Silvester, Silvester Stern, klingt gut. Schade, konnte sie sich nicht durchsetzen. Also, Schneewittchen, nenn mich kurz und bündig Stern.«

Amandine entledigte sich ihrer eng anliegenden Jeans und sprang nackt ins Wasser.

»Komm, wir schwimmen bis zum nächsten Steg.«

»Nein, bitte nicht. Die Wirbel ...! Ich bin noch nie in einem Fluss geschwommen.«

»Sei kein Frosch, sei mein Prinz.«

Doch Stern wollte nicht, auch war ihm das Wasser viel zu kalt. Amandine ließ sich von der Strömung treiben. Derweil krempelte Stern die Hose hoch und zeichnete mit den Zehen kleine Kreise ins Wasser. Vielleicht hatte er ja diesmal das große Los gezogen. Schnell verdrängte er die spitze Bemerkung der Galeristin: Schön schwierig, diese Dame, ich warne dich, hatte sie ihm beim obligaten Abschiedsküsschen ins Ohr geflüstert.

Amandine rieb sich mit Sterns Hemd die Beine trocken, zog lachend die Jeans mit lasziven Bewegungen hoch. Über den sitzenden Mann gebeugt, zeichnete sie ihm ein kleines Kreuz auf die Stirn.

»Ich taufe dich auf den Namen Alexander. Männer, die ich mag, heißen bei mir Alexander. Alexander Stern klingt gut.«

Wochen später lernte Stern Amandines Töchterchen kennen. Klein Anna mit dem strubbeligen Haar war das blonde Abbild ihrer Mutter. Die Kleine hatte einen Monat bei ihrem Vater und seiner neuen Familie in Marseille verbracht.

Die Annäherung zwischen Stern und Anna verlief problemlos. Der glatzköpfige Schriftsteller, der sie aus kurzsichtig braunen Augen anblinzelte und auf dessen Brust und Armen sich graue Haare kringelten, konnte es gut mit kleinen Kindern. Anna lispelte und nannte ihn Alesch, was Stern gut gefiel.

Im Gegensatz zu Anna hegte ihre Mutter Stern gegenüber gewisse Vorbehalte. Amandine war Treuhänderin und arbeitete von zu Hause aus. Manchmal stieß es ihr sauer auf, dass Stern auf seinem Status als Schriftsteller beharrte und keiner anderen Arbeit nachgehen wollte. Lieber hing er seinen Träumen nach, saß auf einer Wolke, und auf der saß es sich bequem. Allerdings schätzte Amandine, dass Stern ihrer Tochter unendlich viel Geduld entgegenbrachte. Er war die ideale Nanny. Stern und Anna erfanden wilde Geschichten. Wenn es regnete, legten Stern und Anna den Kinderzimmerboden mit Pappe aus, auf die sie mit Fingerfarben malten. Das erste gemeinsame Werk zeigte Schneewittchen und die sieben Zwerge und hing prominent gegenüber Amandines Arbeitstisch.

Amandine war eine Meisterin der spitzen Zunge. Immer wieder nahm Stern einen Anlauf, ihre Beziehung in normale Bahnen zu lenken. Er genoss die Hingabe der Schönen, die ihn handkehrum beleidigte und ihn mit ihrer Kälte in den Senkel stellte. Meistens landeten ihre Attacken unter der Gürtellinie oder trafen ihn unvorbereitet aus dem Hinterhalt. Er redete sich ein, er habe sich nur dem Kind zuliebe noch nicht zurückgezogen. Doch wenn er ehrlich war, wusste er, dieses Leben war für ihn auch ein bequemes. Amandine war großzügig, überhäufte ihn mit Geschenken, lud ihn ins Theater oder ins Kino ein, pflegte einen interessanten Freundeskreis, und sie konnte fantastisch kochen.

Im zweiten Jahr ihrer Beziehung plante Amandine eine Reise in wärmere Gefilde. Sie hasste den Winter und sehnte sich nach Sonne. Deshalb hatte sie Alexander Stern gefragt, ob er mit ihnen wegfahren wolle? Stern, der sich mittlerweile an den Namen Alexander gewöhnt hatte, war sich unschlüssig. Nach einem vergnüglichen Nachmittag mit Anna im Zoo, willigte er schließlich ein.

Wenn Amandines Launen ein erträgliches Maß überschritten, könnte er den Tag mit dem Kind am Meer verbringen. Abends würde er dann alleine ausgehen, an einer Hotelbar träfe er bestimmt spannende Leute, Positano wurde schließlich von vielen Kreativen und Promis besucht. Schlimmstenfalls würde er sich betrinken. Er malte sich aus, wie Amandine sich ihm, wie immer nach einem Streit, an den Hals werfen würde und er zu hören bekäme: »Alexander, du bist der Größte, du bist der wichtigste Mensch in meinem Leben.«

Ende März flogen die drei nach Neapel. Am Bahnhof stiegen sie in die Circumvesuviana-Bahn nach Sorrent. Von dort aus fuhr ein Autobus weiter, der Südküste entlang bis nach Positano. Während Amandine döste und Anna an seiner Seite eingeschlafen war, blätterte Stern in einem Reiseführer. Positano, das ehemalige Seefahrernest, glich einem maurischen Städtchen. Er betrachtete die Bilder der weißen und pastellfarbenen Häuser mit den uralten Kuppeldächern, die sich an die steilen Berghänge schmiegten. Er bestaunte die von Bougainvilleas, den sogenannten Wunderblumen, überdeckten terrassierten Gärten. Die Gassen mit ihren unzähligen Treppen führten kreuz und quer steil hinunter zu einer kleinen Bucht mit Kieselstrand. Ein anderes Bild zeigte eine Piazza, mit der Kirche Santa Maria Assunta und einer schwarzen Madonna.

Der Bus stoppe in einer Spitzkurve oberhalb des Dorfes. Eine Horde Knaben jeglichen Alters brachte den Durchgangsverkehr auf der schmalen Straße zum Erliegen. Und waren die Jungs noch so klein, alle wollten sie sich als Kofferträger ein paar Euro dazuverdienen. Stern, der früher viel gereist war, hatte seine Habe in einen Seesack gepackt. Amandines Koffer hingegen platzte aus allen Nähten. Zwei schmächtige Brüder schleppten das Gepäck über hunderte von Stufen bis vor ein rotes Holztor. Stern steckte jedem zehn Euro und ein paar Zigaretten zu, was Amandine übertrieben fand. Die Gasse zwischen den hohen Mauern bildete einen Trichter. Das Klatschen der Flipp-Flops und das Lachen der Knaben hallte noch lange nach.

Amandine öffnete das Tor mit dem Schlüssel, den sie an einem blauen Band um den Hals trug. Stern blieb staunend unter dem Torbogen stehen. Der bukolische Garten befand sich auf dem Dach des Anwesens. Alter Baumbestand, Zypressen, blühende Zitronen- und Orangenbäume, Geraniensträucher, Weihnachtssterne, Kakteen, über den Boden schlängelnde Sukkulenten, Blumen und Gewürze. Die Mauer, die das Grundstück umgab und weit hinunter in die Gasse reichte, schützte die Gäste vor neugierigen Blicken. Amandine war bereits hinter der

Tür mit dem Fliegengitter neben der Treppe verschwunden. Ein spartanischer Raum, nur mit dem Nötigsten eingerichtet. Anna kreischte vor Freude und hopste auf dem Bett herum. Schon war sie die Treppe hinuntergewuselt und inspizierte die primitive Küche unter der Treppe, zog einen Stuhl an den Wassertrog und trank gierig kaltes Wasser aus der Röhre. Amandine mahnte, sie dürfe nur Wasser aus verschlossenen Flaschen trinken. Anna, unbeeindruckt von Mutters Schelte, hüpfte weiter die nächste Treppe hinunter. So wie oben der Garten war auch der Vorplatz vor der Küche von einer hüfthohen Mauer eingefasst. Unter der orangefarbenen Bougainvillea standen ein gemauerter Tisch und Stühle. Unmittelbar neben der Dusche an der Hauswand ragte eine mächtige Kuppel auf, in deren farbig emaillierten Ziegeln sich die Sonne spiegelte. Dahinter verbarg sich die hässliche Plastikzisterne. Amandine und Stern traten durch die Fliegengittertür in ein schmales Zimmer mit einem Bett, einer Kommode und einem Eisschrank. Die interne Treppe gab den Blick frei auf einen weiteren Raum unter dem Kuppelgewölbe. Die Einrichtung bestand aus Sitzgelegenheiten im Kolonialstil, einem Tisch, einem antiken Spiegel über einem Kamin und einem mächtigen Himmelbett. Amandine rümpfte zwar die Nase, als sie das Plumpsklo auf der Außentreppe entdeckte, doch Stern ließ sich davon nicht kirre machen. Er nahm Amandine in den Arm und sagte trocken:

»Wer kann schon ein Plumpsklo mit Meerblick sein eigen nennen.«

Die alte Rosa war nicht ganz richtig im Kopf und gehörte zum Inventar. Sie war fast blind, konnte weder lesen noch schreiben und sprach einen unverständlichen Dialekt. Mehr als ein halbes Jahrhundert schon hauste sie in diesem Zimmer, zuerst mit ihrer Mutter, dann mit einer Schwester und jetzt allein, drei Etagen unter dem Dachgarten, neben einem weiteren Gartentor. Ihre Aufgabe war es, die Betten zu beziehen, die Wäsche zu waschen und den Garten zu wässern. Dafür bezahlte ihr der Besitzer eine kleine Rente. Wohl hatte Rosa die Betten frisch bezogen, doch die dicke Staubschicht auf den Möbeln und die Wollmäuse unter den Betten hatte Rosa ignoriert. Auch die Fenster hatte sie nicht geöffnet, weshalb es im Haus empfindlich kühl war und die Laken sich feucht anfühlten. Rosas ganze Liebe galt den verwilderten Katzen, die sich prächtig vermehrten.

Anna, die es sich auf der untersten Treppenstufe gemütlich gemacht hatte, und ein rotes Fellknäuel im Arm hielt, schreckte hoch, als sich eine alte Frau in einem ausgebleichten Schürzenkleid und abgetretenen Pantoffeln vor ihr aufbaute. Doch Rosa nahm das Kind an der Hand und führte es in ihr kleines Reich. Anna war begeistert von den vielen Katzen und setzte sich auf den einzigen Stuhl, den roten Kater immer noch fest im Arm. Die Alte bot dem Kind Bonbons und Orangenschnitze an. Bald drangen Annas Lachen und Rosas laute Stimme durch die offene Tür.

Anna, bambina, Trallalla. Anna, piccolina trällerte Anna. Sie rannte, so schnell sie konnte, die Treppe hoch. Offenbar herrschte wieder dicke Luft zwischen den Erwachsenen. Sie kletterte auf das Himmelbett. Amandine, noch immer im schwarzen Mantel, machte sich schweigend am Koffer zu schaffen, derweil sich Stern um das Feuer im Kamin kümmerte.

»Am besten schlafen wir heute alle hier. Das Bett ist breit genug, und morgen sehen wir weiter«, wandte sich Stern an Amandine.

»Prima, Mama, Katsche, Alesch, Anna, bambina, piccolina, Trallalla«, jauchzte Anna.

Da braut sich etwas zusammen, jetzt nur kein falsches Wort, dachte Stern. Es war zu spät, das Kätzchen sprang auf den Tisch und landete in Amandines Koffer.

»Anna, komm sofort da runter. Katzenhaare! Ich hasse Katzen. Das Tier muss raus«, schrie Amandine und schleuderte das Kätzchen auf den Boden, welches sich fauchend unter das Bett rettete. Anna ließ sich weinend auf den Boden fallen und brummelte:

»Mama Donnerwetter.«

Das hat das Kind ja gut hingekriegt, eine geniale Wortkombination, überlegte sich Stern, während er weiterhin vergeblich versuchte, das Feuer anzufachen, doch das Holz war feucht und wollte nicht brennen. Mama Donnerwetters Augen tränten. Als trügen der Freund und das Kind die Schuld an ihren müden Beinen, an der Kälte im Haus und an der Dusche, oben im Freien, legte Amandine mit einer ihrer Schimpftiraden los.

»Das fängt ja gut an«, dachte Stern gereizt und ging wortlos hinaus. Er inspizierte den Eisschrank und die

Küche, alles leer, nicht einmal Kaffee war da. Später würde er einkaufen gehen, wenn sich die Lage entspannt hatte.

Im Garten öffnete er Fenster und Tür des kleinen Häuschens. Immerhin stand da ein verstaubter Ölradiator. Hinter dem Bett gab es eine einzige Steckdose. Zuvor entfernte er noch die Flusen zwischen den Rohren und legte sich in den Kleidern unter die wollene Decke. Hier bleibe ich, ich will meine Ruhe. Schneewittchen hat eine Schraube locker und du, Esel, glaubst immer noch an die Liebe, dachte er. Ja, er hätte es wissen müssen, und er hatte es gewusst. Nicht nur die Reise war anstrengend gewesen, ebenso kostete es ihn Energie, jedes Wort auf die Goldwaage legen zu müssen, damit es zu keinem Streit kam und die Situation nicht eskalierte.

Stern erwachte, als kalte Kinderhändchen über seine geschlossenen Augen strichen.

»Mamma Donnerwetter will schlafen. Alesch, bitte, eine Geschichte. Schneeball und Frosch, bitte, bitte.«

Stern holte weitere Decken und Kissen aus dem Schrank und legte sich mit Anna in die Sonne. Das Kind beobachtete den Spielgefährten, das Kinn auf die kleine Faust gestützt.

»So, so. Die Geschichte vom Schneeball und der Kröte willst du hören.«

»Ja, die Kröte ist ein Frosch.«

»Nein, Anna, die Kröte ist kein Frosch. Schätzchen, willst du die Geschichte vom Froschkönig oder von der Kröte hören?«

»Krötenfrosch, Alesch, mein Krötenfrosch«, prustete das Kind los.

»Ja, dann lass es uns doch einfach versuchen«, antwortete Alexander.

Im tiefen Winter hatte sich ein Krötenfrosch in eine Schneekugel verliebt, die just vor sein Erdloch gerollt war. Die Kugel bat den Frosch, sie zu drehen und zu wenden und so verwandelte sie sich in die wunderbarste Eisschneekugel, der schönsten, im ganzen Land. Zwar hatte die Sonne ihre Hülle angetaut, doch nachts gefror sie wieder und glänzte und glitzerte den ganzen Tag.

»Lieber Frosch, warum bist du nicht grün? Bist du vielleicht eine Kröte«, fragte Schneekugel und ohne eine Antwort abzuwarten fuhr sie fort:

»Einst trug ich einen Mantel aus feinstem Sand, den hatte der Wind übers Meer geblasen. Die Körnchen flüsterten mir zu, dort, wo sie herkämen, sei es am schönsten auf dieser Welt. So möchte ich einmal im Leben in die Wüste reisen.«

Krötenfrosch hatte andächtig gelauscht, genickt und mit seiner scharrenden Stimme geantwortet: »Ich bin der letzte Krötenfrosch. Machen wir uns doch gleich morgen auf den Weg. Doch sieh dich vor, die Reise wird beschwerlich werden.«

»Schneeball, Alesch, nicht Eischkugel«, mahnte Anna mit erhobenem Zeigfinger.

»So, so, du Naseweis. Ein Schneeball wird eisig, wenn er auftaut und erneut gefriert. Für dich den Krötenfrosch, für mich die Eiskugel. Lass es gut sein, ja?«

Krötenfrosch und Schneekugel machten sich auf den Weg. Sie mieden den Tag und nutzten die Nacht. Im Mondschein schob das Tier die Kugel über Straßen und auf hohe Berge, wo sie hinunterkullerte und ihn unten im Tal erwartete. Als sie das Meer erreichten, setzte Krötenfrosch Eiskügelchen auf seine Zunge und ging als blinder Passagier an Bord eines Dampfers. In der Küche folgte er dem Koch in den Kühlraum und versteckte sich hinter einem Fleischberg. Schneekugel erholte sich schnell von den Strapazen der Reise, doch Krötenfrosch fror und war bald nur noch Haut und Knochen. Als die Schiffsmotoren gedrosselt wurden, und der Dampfer im Hafen von Casablanca vor Anker lag, sperrte Krötenfrosch mit letzter Anstrengung sein Maul auf und Eiskügelchen rollte auf seine Zunge. Mit letzter Kraft setzte er zu einem Sprung auf die Mole an. Während Eiskügelchen im Schatten der Container schlief, lauerte Krötenfrosch unter den Straßenlaternen. Es regnete Motten, Fliegen und Moskitos, so kam er wieder zu Kräften.

Wieder benützen sie die kühlen Nächte. Tagsüber versteckten sie sich unter Steinen. Die Reise war beschwerlich. Eiskugel hatte ihren Glanz eingebüßt, war voll mit Staub verklebt, doch sie beklagte sich nicht. Krötenfrosch fürchtete sich vor freilaufenden Trampeltieren, denn ihre Sohlen bedeuteten Gefahr, zerquetscht zu werden. Einmal hatte er nicht auf das Tier geachtet, und nur mit Hilfe eines Pillendrehers war es ihm geglückt, Eiskügelchen im letzten Moment wegzurollen. Der Pillendreher war ein netter Kerl und schloss sich den beiden an. Doch eines Nachts verspeiste Krötenfrosch den schwarzglänzenden Käfer, er hatte solchen Hunger, während Eiskügelchen selig schlief. Schneekugel war nur noch ein Schatten ihrer selbst, sie staunte, wie ihr Begleiter ins Unermessliche gewachsen war, als sie die Wüste erreichten. Wenn seine Angebetete schlief, weinte der Frosch und seine Tränen gaben ihr wieder Kraft.

Doch dann obsiegte die Sonne. Eiskügelchen hatte schon lange aufgehört zu sprechen. Auch Krötenfrosch war am Verdursten, und so trank er mit geschlossenen Augen die letzten Wassertropfen, bevor sie im Sand versickerten. Seine Eisprinzessin hatte ihm das Leben gerettet und saß für immer in seinem Herzen. Jetzt war er allein. Nichts war ihm geblieben, nur die Erinnerung.

»Zufrieden, meine Kleine?«

»Wo ischt der Schneeball? Ischtt der Krötenfrosch kaputt?«

»Wenn wir die Geschichte immer wieder erzählen, leben alle weiter«.

Anna wollte zu Mamma Donnerwetter. Stern trug die Kleine die Stufen hinunter. Amandine saß vor dem Feuer und lackierte sich die Zehennägel. Sie lächelte entspannt und wollte essen gehen. Kein Donnerwetter mehr, die Wogen haben sich geglättet, dachte Stern. Er trat ans Fenster und blickte hinunter aufs Wasser. Wie hatte doch John Steinbeck geschrieben: Positano ist der einzige senkrechte Ort auf der Welt.

Ursula Stingelin, Jahrgang 1947, lebt in Basel. Sie malt, zeichnet und schreibt seit vielen Jahren. Ihr erster Roman "Der Flügelschlag des Bläulings" ist 2015 im Telegonos-Verlag erschienen.

Schönes Eis – gefährliches Eis
Angela Zimmermann

Es ist Anfang März und gerade schaue ich aus dem Fenster und sehe Schneeflocken tanzen. Viele warten schon auf den Frühling und die wärmende Sonne.

Genau in solchen Momenten denke ich an meine Kindheit zurück. In den 70igern, ja ich bin schon über fünfzig, wuchs ich hier in einem kleinen Dorf direkt an der Talsperre Malter auf.

Die Winter waren lang und kalt. Es gab Schnee und Kälte von November bis März. So war es auch selbstverständlich, dass die Talsperre zugefroren war. Das ist heute leider nicht mehr der Fall. Es ist schon Jahre her, dass man das Eis betreten konnte. Die Winter sind nicht mehr so kalt und so kommt es kaum noch zu einer dicken und stabilen Eisdecke.

Damals gab es nichts Schöneres als Eis, Sonne und unsere Schlittschuhe. Bei uns hier im Erzgebirge gab es zwei Winterbeschäftigungen und so konnte man auch immer hören: „Wir sind auf dem Eis groß geworden" oder „Wir sind schon mit Skiern geboren".

Ich lebte im unteren Erzgebirge und die Berge zum Ski fahren waren für uns zu weit weg. Deshalb gab es für uns das Eis und niemals hätten wir getauscht.

Fast jede freie Minute verbrachten wir auf dem Eis. Am Anfang mussten wir jedoch immer warten, bis es freigegeben wurde. Da gab es einen älteren Mann aus dem Dorf, der für uns ständig die Dicke des Eises prüfte und wenn er sich sicher war, dass nichts passieren konnte, bekamen wir Bescheid. Das geschah meistens in der Schule, denn unsere Lehrer wollten auch nicht, dass uns etwas zustößt.

Ein Erlebnis ist aber bis heute in meinen Erinnerungen sehr tief verankert. Es war schon März und die Nächte nicht mehr so eisig kalt. Die Sonne leckte am Tag an der Eisfläche und der entstandene dünne Wasserfilm gefror nachts wieder. Das war das beste Eis. Es war wie ein Spiegel und viel glatter als sonst. Natürlich auch gefährlicher, aber uns konnte es nichts anhaben, denn wir waren sicher auf unseren Schlittschuhen. Okay, auch so manch einen kleinen Sturz gab es, aber das gehörte dazu.

Schon in der Schule verabredeten wir uns und nach den erledigten Hausaufgaben trafen wir uns an dem Weg, der zum Eis hinunter führte. Er war verschneit wie alles um uns herum, aber wir wussten genau, wo er ist. Wie immer hatte einer von uns ein kleines Radio mit, natürlich nur für die Mädchen. Dann steckten wir zwei große Rechtecke ab, schoben mit den Schlitten den Schnee zur Seite und schon konnte es losgehen. Die Jungs spielten Eishockey und wollten uns nicht dabei haben und wir Mädchen machten Eiskunstlauf, was die Jungs gar nicht interessierte. Jeder hatte sein Revier und die Eisfläche war ja so riesig, dass wir uns auch nicht in die Quere kamen. Aber dass irgendeiner allein war, das gab es bei uns nicht. Also haben wir nach den Liedern aus dem Radio getanzt und mit der Zeit waren wir alle schon fast kleine Profis.

Meine Mutter musste immer lachen, denn sie sah uns zu. Unser Haus stand direkt oberhalb der

Talsperre und so hatte sie immer einen Blick auf uns. Manchmal bewertete sie mich sogar, als ich nach Hause kam. Genauso wenig trauten wir uns, Dummheiten zu machen, denn es war ja auch nicht nur meine Mutter allein, die alles beobachtete, nein, es kam dann schon mal ein lauter Pfiff von wo anders her, der uns schnell wieder zur Ordnung rief.

Aber da gab es diesen Tag, wo keiner so richtig Zeit hatte und an ihm war auch noch etwas anderes merkwürdig. Das Eis grollte und donnerte mehr als sonst. Es war noch dick genug, aber an diesem Tag bin ich einfach gegangen, ohne Bescheid zu sagen. Ob meine Mutter uns sah, wusste ich auch nicht.

Ich hatte mich mit meiner Freundin allein verabredet. Wo die anderen an diesem Tag waren, wussten wir nicht, und mit ihnen wäre es vielleicht ganz anders gekommen.

„Ich muss in einer Stunde wieder zu Hause sein", sagte meine Freundin, als wir uns an dem besagten Weg zum Eis hinunter trafen.

„Okay, lass uns runtergehen", antwortete ich schnell, denn ich wollte nur eins, auf das Eis, und dass ich nicht Bescheid gesagt hatte, interessierte mich in diesem Moment ganz und gar nicht mehr.

Wir rutschten auf dem Hosenboden den Hang hinunter, uns mit der einen Hand abstützend und in der anderen die Schlittschuhe.

Einen Schlitten brauchten wir an dem Tage nicht, denn es hatte nicht geschneit und so mussten wir nichts freischieben. Das Eis war wirklich so glatt wie selten und so drehten wir unsere Pirouetten und auch kleine Hopser trauten wir uns zu.

Wir zogen unsere Runden, bis das Grollen um uns herum immer lauter wurde. Dazu kam ab und zu ein Knirschen, wie wenn Eisschollen aneinander reiben. Wir wussten, dass es das Eis sein muss, was am Ufer, durch das stete Ablassen des Wassers schon gebrochen war. Dann aber sahen wir durch die klare Eisdecke eine riesige Luftblase. Sie bewegte sich und schlängelte sich unter dem Eis von einer Seite auf die andere. Es war schön anzusehen, aber das Donnern, was dann kam, jagte uns einen riesigen Schrecken ein. Wir fielen auf die Knie, das Eis bebte unter uns und wir spürten die Schwingungen. Jedes einzelne Grollen ließ in uns die Angst steigen. Als wir dann noch Risse in der Eisdecke entdeckten, bekamen wir fast Panik und jeder griff nach seinen Sachen und wir flüchteten auf allen vieren zum Ufer. Bei Gefahr einfach nur das Gewicht auf eine größere Fläche als nur auf den Füßen verteilen. Das haben wir schon gelernt, da waren wir noch nicht einmal sicher auf den Schlittschuhen.

Am Ufer mussten wir an den nachgebrochenen Eisschollen hinaufklettern. Das war nicht einfach, weil wir die Schlittschuhe auf die Schnelle nicht ausgezogen hatten. Das machten wir sonst immer, aber diesmal wollten wir nur so schnell wie möglich runter vom Eis.

Auf dem Hang nach oben saßen wir dann total erschöpft und schnaufend im Schnee, zogen unsere Winterstiefel an und lauschten in die kalte Winterluft hinein. Das Grollen hörte nicht auf, wurde eher immer lauter. Vielleicht haben wir das auch nur aus Angst so wahrgenommen.

Ziemlich durchgefroren verabschiedeten wir uns und gingen nach Hause. Als ich da ankam, wurde ich von meinem Vater empfangen.

„Na, die Dame. Auch wieder da", sagte er und sein Lächeln sah ich in dem Moment nicht, denn ich schaute verlegen zu Boden. Ich wartete darauf, dass er mit mir schimpfte, weil wir uns nicht abgemeldet hatten. Einfach irgendwohin verschwinden gab es eigentlich nicht. Und wenn auch nur ein kleiner Zettel auf dem Tisch lag, genügte das meiner Mutter, weil sie auch stets sicher sein konnte, dass ich niemals allein unterwegs war.

„Habt wohl Angst bekommen? Ihr kleinen Angsthasen", sagte er noch und ich sah etwas beleidigt in sein immer noch lächelndes Gesicht. Dann strich er mir über den Kopf, was er immer machte, wenn alles in Ordnung war. Da wusste ich, dass uns wahrscheinlich nichts passiert wäre, denn wir standen wie immer unter geheimer Aufsicht. Aber trotzdem schwor ich mir, nie wieder einfach zu gehen. Als Kinder konnten wir gewisse Gefahren nicht einschätzen und wenn ich heute an so manch eine Situation zurückdenke, stehen mir ehrlich gesagt die Nackenhaare zu Berge.

Nicht viel später saß ich am warmen Ofen und musste nun doch für mich lachen. Wir waren wirklich kleine Angsthasen, aber trotz allem sollte es uns eine Lehre sein.

Es hörte an diesem Tag auch nicht auf zu grollen. Bis tief in die Nacht hinein schallte der Donner durch das Dorf. Am Morgen konnte man genau sehen, wie das Eis überall gebrochen war. Entlang der Risse trat Wasser an die Oberfläche und verursachte überall schwarze unheimliche Flecken auf dem Eis. Schon da wurde uns klar, dass für uns in diesem Jahr der Winter vorbei war. Wir mussten unsere Freizeit nun wieder umgestalten.

Später erfuhr ich auch von meinem Vater, dass wohl mehr Wasser aus der Talsperre abgelassen wurde als sonst. Das machte man, weil Tauwetter angesagt war und man somit mit viel zusätzlichem Wasser aus dem Gebirge rechnen musste.

An diesen Tag in der Schule wurde uns ebenfalls gesagt, dass ab dem Tage das Betreten des Eises nicht mehr gestattet war.

Die Eisdecke war zwar noch sehr dick und hätte vielleicht auch noch ein paar Tage keine Gefahr bedeutet, aber es wollte niemand ein Risiko eingehen.

Zum Glück haben wir den Schrecken gut verarbeitet und am Ende lachten alle darüber, denn es war etwas ganz Natürliches, was uns zu kleinen Angsthasen gemacht hat.

Auch dieser Winter war ein paar Wochen später vorbei, aber die Erinnerungen blieben. Sogar bis heute. Aber es waren nicht nur die Winter, sondern auch die Sommer, die wir genossen haben. Im Sommer waren wir jeden Tag, an dem die Sonne schien, am und im Wasser. Genauso wie das Schlittschuhlaufen haben wir praktisch das Schwimmen gelernt, bevor wir laufen konnten. Mein Vater hat es mir beigebracht, weil wir wirklich nur ein paar Meter vom Wasser weg gewohnt haben. Das Wasser findet man als Kind immer sehr anziehend und so kam es, dass jedes Schwimmen konnte, als wir in die Schule kamen. Wir mutierten fast zu Wasserratten und nur ein Gewitter konnte uns vom Badengehen abhalten. Die Talsperre war unser Spielplatz und wir schwammen um die Wette, wo andere Kinder auf Klettergerüsten turnten.

Ich liebe diesen Ort und wohne auch heute wieder mit meinem Mann direkt an der Talsperre. Wir wohnen da, wo andere Urlaub machen. Irgendwie stimmt das schon, aber wir haben uns bewusst für dieses Haus entschieden, weil es meine Heimat ist, hier meine Wurzeln sind und mein Herz an diesem Ort hängt.

Aber genau jetzt spüre ich auch die Veränderungen. Die Sommer sind sehr schön und man hat stets das kühle Nass vor der Haustür, aber die Winter machen mich traurig. Ich würde gern auch heute noch Schlittschuh laufen gehen, auch wenn ich nicht mehr so sicher auf den Kufen wäre, weil zu viele Jahre dazwischen liegen, aber es ist einfach nicht mehr möglich. Das haben wir wahrscheinlich der Klimaerwärmung zu verdanken.

Damit müssen wir uns wohl oder übel abfinden und lernen damit zu leben, jedoch unsere schönen Erinnerungen kann uns keiner nehmen und sie werden auch gern bei jedem Treffen wieder aufgefrischt.

Jeder hat seine eigenen, aber am Ende gehören sie alle zusammen und verbinden uns.

Angela Zimmermann wurde 1966 in Dippoldiswalde, Deutschland/Sachsen geboren und lebt auch heute noch in Paulsdorf an der schönen Talsperre Malter.
Sie schreibt seit 2011 und hat bis heute 5 Romane im Genre Paranormal/ Fantasy veröffentlicht.

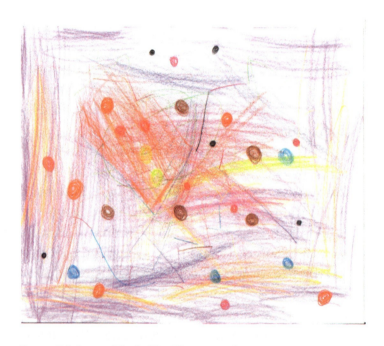

Jona, 5 Jahre – Titel: Ein Kunstwerk

Theodora Sternentochter
Matthias Köninger

Ein Kind fragte einmal seinen großen Bruder, was die Sterne seien. Der große Bruder antworte ihm damals: „Die Sterne schauen auf uns herab. Sie lächeln auf uns hernieder, sie erzählen uns Geschichten in den Sternbildern und wenn man es sich ganz fest wünscht, erscheinen sie auf der Erde für kurze Zeit und helfen uns." Der jüngere, Martin war sein Name, war oft glücklich mit dieser Geschichte eingeschlafen. Er trug sie in seinem Herzen.

Doch die Menschen in der Stadt, wo die beiden Brüder lebten, glaubten nur an das, was sie sahen, und so winkten die Älteren ab, wenn sie davon hörten. Es wäre nur ein Märchen, es wäre nicht echt. Aber auch der ältere Bruder Jonathan glaubte schon bald nicht mehr daran, er glaubte auch nur noch genau an das, was er sah. Nur der Jüngere der beiden, wusste tief in seinem Herzen, dass die Sterne auf sie herabsahen und lächelten. Ja er wusste, dass die Sterne von dort oben, die Menschen genau beobachteten und manchmal über sie wachten.

Das Häuschen der beiden Brüder lag am Stadtrand, von dort konnten sie die Sterne ganz genau sehen. So saßen sie eines Abends wieder zusammen auf der Terrasse. Die Eltern waren nicht zu Hause, da sie arbeiten mussten und wenig Zeit hatten für die beiden Brüder.

Deshalb hatte der kleine Bruder nur den großen, um ihm von seinen Sorgen zu erzählen. Und hier beginnt die Geschichte.

„Weißt du, in der Schule werde ich immer von einem anderen Jungen geschubst, weil er größer ist als ich. Ich kann nicht so gut rechnen und ich bin auch in Sport nicht so gut, ich glaube, ich bin dumm", sagte der Kleine traurig, um dann noch hinzufügen: „Und unsere Eltern streiten sich immer wegen mir, ich habe Angst, dass sie uns verlassen."

Der große Bruder sah seinen kleinen Bruder an. Er wollte ihm gerne helfen, aber wie? Er war nur wenige Jahre älter als Martin und wusste selbst auch keinen Rat. Dennoch versuchte er es. „Ich…" , stammelte der große Bruder, aber er brachte kein weiteres Wort heraus und der kleine Bruder begann zu weinen. Durch den Schleier seiner Tränen sah er zu den Sternen, ach wenn sie ihm nur helfen könnten, die Sterne …

Kaum hatte er das zu Ende gedacht, da erschien am Himmel eine Sternschnuppe und die beiden Brüder staunten nicht schlecht, als sie plötzlich von einem strahlenden Licht umhüllt waren und ein Lichtstrahl vom Himmel direkt vor ihnen endete. Eine Gestalt, in Licht gekleidet, grüßte sie.

„Fürchtet euch nicht. Ich bin Theodora Sternentochter. Ich bin ein Stern." „Ein richtiger Stern!", jubelte Jonathan, alle Tränen und Trauer vergessend. „Das ist aber unmöglich", verkündete Jonathan widerstrebend. „Aber Jonathan, du hast doch selbst die Geschichte erzählt", neckte ihn das

Sternenmädchen. Sie streckte die Hand nach beiden aus.

„Kommt mit, ihr beiden, euch steht eine lange Reise und ein großes Abenteuer bevor, vor allem dir Martin." Dieser strahlte über das ganze Gesicht und folgte der Sternenfrau ohne Zögern, nur Jonathan zögerte, aber kam auch, als ihn Theodora nochmal rief. Da niemand an Magie glaubte, sah auch keiner der Erwachsenen, wie die beiden Jungen abgeholt worden waren und die anderen Kinder waren meistens schon im Bett oder andere Dinge tun. So tanzte und sprang Theodora mit den beiden Brüder über die Wolken, sie hielt ihre Hände fest, damit auch sie fliegen konnten. „Von hier oben sehen deine Probleme so klein aus oder?", fragte Theodora Martin. Er nickte und sie meinte zu ihm lächelnd: „Dein Hilferuf wurde gehört und ich bin die Antwort. Ich möchte euch beide in ein Abenteuer mitnehmen und dir helfen Martin." „Mir helfen?", fragte Martin. Er glaube nicht daran, dass man ihm helfen konnte, er hatte es ja oft genug versucht und es war nicht gelungen.

Die drei Sternenwanderer flogen auf dem Lichtstrahl durch das Weltall, bis er schließlich endete.

Sie fanden sie sich auf einer riesigen schwarzen Ebene wieder. Sie wirkte nicht bedrohlich, im Gegenteil, man konnte auf ihr laufen. „Wo sind wir hier?", fragte Jonathan. Theodora lächelte nur und beide Brüder gingen fest vertrauend mit ihr weiter.

Sie standen schließlich vor einem Schloss und Theodora besah die beiden. Sie legte den Jungen

Flügel an, mit denen sie fliegen konnten. Jeder von ihnen erhielt ein Schwert, das seltsam funkelte.

„Das werdet ihr brauchen", erklärte sie und fuhr fort: „Unser Ziel ist es, einen Schatz zu finden, dafür müssen wir nach drei Schlüsseln suchen. Weil ihr nicht von hier seid, könnt ihr diese Schlüssel allerdings erwerben!" Die Brüder nickten, eine Schatzsuche, das klang aufregend und nach einem richtigen Abenteuer. Sie führte sie hinein, bevor die Brüder das Schloss näher in Augenschein nehmen konnten, und lief einige Gänge entlang. Die Gänge waren ganz weiß gehalten und plötzlich stampfte ein riesiges vierköpfiges Monstrum auf die die Gruppe zu.

„Was machen wir?", schrie Martin.

„Wir haben Schwerter!", rief Jonathan und stürzte sich auf die Bestie, aber sie fegte ihn nur zur Seite und stürmte auf Martin zu.

„Was willst du von mir Monstrum?", schrie der Junge. Das Monster sah ihn aus roten, blutunterlaufenen Augen an und es schlug nach Martin. Dieser wich aus und sah dann, dass in der Pfote des Monstrums ein Stachel steckte. „Halt!", rief Martin ihm zu. „Ich tue dir nichts, ich zieh dir den Stachel heraus, halte still." Das Monstrum belauerte ihn, aber hob Martin seine Pfote entgegen und dieser zog den Stachel heraus. Der Stachel verwandelte sich in einen Schlüssel. Theodora lobte die Jungen und das Monstrum setzte sich auf die Seite, sah dankbar zu Martin und ließ die Gruppe passieren.

Sie durchschritten das Schloss und befanden sich kurze Zeit später in einem großen Labyrinth. Theodora erklärte, dass sie das Labyrinth durchqueren müssten. Die beiden Brüder sahen sich an und begannen gemeinsam loszulaufen. Dabei passierten sie viele Ebenen und fanden unterwegs viele Dinge. Jonathans alten Fußball, das Feuerwehrauto von Martin, seine alte kaputte Armbanduhr und noch einiges mehr, das sie achtlos weggeworfen hatten. Immer mal wieder blieben sie kurz stehen und hoben manchmal etwas auf, um es mitzunehmen. Plötzlich lachte Martin und er lachte und er lachte, ließ die Gegenstände los, begann abzuheben, schlug mit den Flügeln und rief: „Jonathan, befrei dich von all den Sachen!"

Jonathan nickte, ließ die alten Lasten seines Lebens zurück und gemeinsam flogen die Brüder zum Ende des Labyrinthes, wo sie dann auch tatsächlich den zweiten Schlüssel auf einem roten Kissen fanden. „Nun haben wir schon zwei von drei Schlüsseln Theodora", meinte Martin stolz. „Das habt ihr wirklich gut gemacht", lobte sie die beiden und strahlte über das ganze Gesicht. Jonathan fiel auf, dass sie wunderschön war, wenn sie lächelte.

Ja, mehr noch, sogar dass sie noch heller strahlte als zuvor. Sie schwieg auf dem Weg zur dritten Prüfung, denn sie wusste, das würde wohl die Schwierigste werden. Dann gelangen die drei zu einer großen leeren Halle.

Die beiden Brüder wurden hereingeführt und plötzlich war es stockdunkel um Martin herum. Er hörte Stimmen: „Martin, du kannst nicht, du bist dumm. Du bist wertlos. Du kannst nicht einmal Mathematik. Du bist ein Idiot."

Beschimpfungen prasselten auf den Jungen nieder. „Es ist wahr", flüsterte er traurig und begann zu weinen. Weiter drangen Stimmen an sein Ohr.

„Er ist ein Trottel, aus ihm wird nie etwas." Plötzlich ergriff Jonathan seine Hand und leise drangen andere Gedanken an sein Ohr. „Mein Bruder ist sehr klug, er kann schöne Geschichten schreiben", hörte er Jonathans Stimme. Konnte er es sein? Martin hörte plötzlich viele Stimmen, was war das? Er lauschte den Stimmen vieler Menschen. „Beschütze Martin, er ist ein so lieber Junge. Ich liebe ihn. Beschütze Martin, er ist ein so lieber Junge. Ich liebe ihn", betete seine Mutter und auch sein Vater gestand ein, dass er sein Kind liebte und Martin sah all die netten Kleinigkeiten, die er getan hatte, Momente wo er anderen Menschen geholfen hatte.

Als ob die guten Gedanken und Gebete die Dunkelheit vertrieben, wurde es heller und die Tür das Raumes öffnete sich. Ein Schlüssel lag auf einem Tablett. Martin nahm ihn an sich und sah zu Jonathan. Dieser lächelte ihm zu und draußen wartete schon die aufgeregte Theodora Sternentochter, die beiden um den Hals fiel vor Freude. Sie hatten die drei Schlüssel!!

Die beiden Jungen sahen sich an und beschlossen, da sie so weit gekommen waren, nun auch noch den Schluss zu meistern. Theodora und die Jungen flogen, abermals in Licht gehüllt zu einem weiteren Ort, einer gewaltigen Burg. Sie ragte weit in den Himmel, nicht sehr einladend auf den ersten Blick, mit hohen, dunklen Türmen, deren Steine sich eiskalt anfühlten.

Theodora führte die Jungen in den Burghof. Die Burg war unbewohnt und die junge Sternenfrau stand schließlich mit beiden vor einem Brunnen. Sie warf den ersten Schlüssel hinein und Martin sah im Geiste, wie der Raudi, der ihn immer bedrohte, selbst von Größeren verprügelt wurde. Er sah, dass der Junge einsam war, seine Eltern ihn nicht beachteten und er nur durch sein schlechtes Benehmen versuchte, Aufmerksamkeit auf sich zu ziehen. Besser bestraft und beschimpft als nicht beachtet zu werden. Martin begriff, der Junge war wie das Monstrum mit dem Stachel in der Pfote! Er hatte nicht sein Schwert benutzt, um das Problem zu lösen, sondern sein Herz. Er hatte sich mitleidig gezeigt und diese gute Tat hatte zu etwas Gutem geführt.

Martin lächelte und Theodora ebenso. Dann warf sie den zweiten Schlüssel in den Brunnen, woraufhin ein leises Plopp zu hören war. Das Wasser platschte und wieder sah Martin in seinem Kopf, wie seine Eltern sich stritten. Sie hatten Besitz angehäuft, aber vergessen miteinander zu reden, sich langsam aber sicher entfremdet voneinander. Der eine verstand den anderen nicht mehr. Er begriff ... Er musste seinen Eltern Flügel geben, damit sie erkennen konnten, was sie aneinander hatten und dass sie all diesen Besitz nicht mehr so wichtig nahmen. Sie hatten Dinge angehäuft, die sie aber nicht glücklich machten. Theodora sah wieder den Jungen liebevoll an und warf den dritten Schlüssel in Wasser. Martin hatte durch diese Prüfung begriffen, dass es nicht wichtig war, was andere von ihm dachten. Bedeutend war, was er von sich selber dachte und er konnte durchaus Dinge, ja er sah sogar, dass er einmalig war. Es gab Menschen, die an ihn gedacht hatten, die ihn liebten, wie er war. Weil er ‚er' war.

Theodora sah zu Martin und küsste ihn auf die Stirn. „Du hast alle Prüfungen bestanden." Die Schwerter und Flügel der Jungen verschwanden, sie nahm sie wieder an den Händen und flog mit ihnen zurück zu dem Haus der Kinder. Dort sah sie die beiden liebevoll an. „Martin vergiss nicht, was du gelernst hast und du Jonathan, du bist ein toller großer Bruder, hilf deinem Bruder, so gut du kannst, sei bei ihm und er wird bei dir sein." Sie sah die beiden an. „Vergesst nie, es ist nicht wichtig, was die anderen denken, wichtig ist, was ihr von euch glaubt und ihr könnt mir glauben, ihr seid wunderbar, wie ihr seid, ihr alle beide, wie jeder einzelne Mensch."

Danach löste sich Theodora vor ihren Augen in Luft auf und die beiden Brüder erzählten Zeit ihres Lebens niemandem die Geschichte, aber immer wenn sie vor einem Problem standen, dachten sie an Theodora.

So, wie Bruce Wayne Batman ist, so ist Matthias Köninger, Mad Köninger. Der Dreißigjährige wohnt in Freiburg und neben seiner Arbeit als Erzieher schreibt er Satiren.

Erinnerungen
Reimer Boy Eilers

Seit einigen Jahren wühlt meine Einbildungskraft und fabriziert die Bilder aus der Kindheit um. Ob es noch dieselben von früher sind? Vor meinem inneren Auge ist der alte Matrose Reimer - genannt Ramo Janmaat - ein Dschinn unter den Menschen, einer mit wiegendem Schritt in kniehohen Seestiefeln, auf dem Kopf einen Südwester, unter dem knallblaue Augen gradewegs auf mich gerichtet sind. Er hat Pranken, die einen ganzen Tag lang die Riemen eines Fischerbootes bewegen können, und einen schwarzen Hund, auf dem er reitet, wenn es über Land gilt. Der Hund hat einen englischen Namen, denn Ramo Janmaat ist im Herzen selber ein Engländer aus der alten britischen Kronkolonie Heligoland geblieben. Auf dem Foto, das ich von beiden besitze, steht Hudson auf den Hinterbeinen und ist so groß wie sein Herr. Daneben befindet sich ein namenloser kleiner Junge mit Matrosenmütze und andächtig gefalteten Händen vor der Brust, just die Figur, mit der ich mich in meiner Kindheit identifizierte und eine fantastische Nähe zu Ramo Janmaat herstellte.

Wenn man einen dampfenden Grog lange und konzentriert genug rührt, erscheint Ramo über der gläsernen Tulpe. Ich rühre mittlerweile keinen Grog mehr um, was aber wenig besagt.

Blacky und das Rumgespenst

Wenn Ramo Janmaat zu Besuch kommt, dann nicht mit leeren Taschen. Er holt Blacky heraus und hält ihn mir vor die Nase.

„Dichter ran, Boy!", befiehlt er.

Meistens schaut Ramo Janmaat vorbei, wenn ich im Bett liege und es dunkel im Zimmer ist. Am liebsten kommt er zu mir in mein altes Kinderzimmer auf Helgoland. Dann steht er vor dem Dachfenster, das nach Nordwesten zeigt, in Richtung Leuchtturm. Der Nordseewind, der übers Dach geht, füllt seine Segel, und der Rum in der Seekiste, die in meiner Ecke steht, macht ihn ein wenig verrückt.

„Nun, Boy, was ist?"

Er packt Blacky am Nacken und schüttelt ihn. Blacky ist eine hübsch geschnitzte Figur, knapp handtellergroß und pechschwarz, ein Hund aus Holz. Außerdem habe ich ihn verloren. Folglich sprechen die Umstände dagegen, dass Ramo Janmaat ihn noch hochhalten kann. Trotzdem sehe ich Blacky genauso deutlich vor mir wie das alte Nachtgespenst.

Was soll schon sein, Neben-Großvater? Ich mag es nicht, wenn er mich bedrängt.

Blacky kam mir vor ein paar Jahren in der Südsee außenbords. Eine Böe hat mir die Figur aus der Hand geweht, als ich ein Glas Rum zum Gedenken an meinen Neben-Großvater ins Meer kippen wollte. Und dann hat eine große pazifische Welle ihn verschluckt. Es war ein Missgeschick, welches mich das Rumopfer prompt vergessen ließ.

Blacky hatte mir fast ein Leben lang gehört. Der alte Matrose hatte ihn in seinen Freiwachen auf einer Reise zu den Salpeterhäfen an der südamerikanischen Westküste geschnitzt. Angeblich war er aus chilenischer *Alerce*. „Lärchenholz" hatte mir meine Oma gesagt, als ich ein kleiner Junge war. Sie erzählte nicht viel von Ramo Janmaat, genau genommen fast nichts. Und jetzt versprach sie mir für später die kleine schwarze Hundefigur, wenn ich aufhören würde zu fragen.

„Wann ist später?"

„Du sollst doch nicht mehr fragen!"

Meine Oma hatte einen großen Busen. Er hob sich, wenn sie ärgerlich war und schüchterte mich ein. Ich saß in ihrer Küche und schaute auf die Elbe. Draußen zogen die Überseeschiffe vorbei. Mein Großvater war damals Leuchtturmwärter auf Juelssand an der Elbe, vierzig Meilen unterhalb von Hamburg. Ramo Janmaat war sein älterer Bruder gewesen. Ich fragte mich, ob die Schiffe dort draußen nach Schanghai oder nach Chile fahren würden, keine Ahnung, wo das lag, es gab noch einiges für mich zu sortieren.

Meine Oma war zunächst die Frau des alten Matrosen Ramo Janmaat gewesen, dann seine Witwe, bevor sie meinen Großvater heiratete. Eine Sache habe ich noch von ihr erfahren. Der alte Matrose schenkte ihr die Figur und an Land hatte er später einen großen Hund, einen schwarzen Labrador namens Hudson. Den Rest, viel war es nicht, erzählte mir mein Vater.

Die Figur, ein Foto und ein Gedicht sind die handfesten Dinge, die ich schließlich von meinem

Neben-Großvater besaß. Das Wichtigste ist natürlich sein Name, der an mich weiter gereicht wurde, und abgesehen von dem Geist aus der Rumflasche, der mich gelegentlich umwehte. Nach der See war der Rum die große Liebe seines Lebens. Auf dem Kurs des alten Matrosen hatte ich deshalb einen Flachmann aus Flensburg im Gepäck, als ich in Chile am Rand der Welt entlang fuhr.

Ramo Janmaat segelte zwanzig Jahre lang auf der Handelsroute von Liverpool zu den Salpeterhäfen in Chile und Peru. Einer aus der alten Crew der Seefahrer, die meine Vorfahren gewesen sind. Vor dem Mast rundete er Kap Hoorn und grüßte nach langem Aufstieg durch die Breitengrade endlich die grüne Linie der Insel Chiloé, wo das Schiff die „Brüllenden Vierziger" verließ. Einige hundert Meilen weiter nördlich begannen bei Valparaiso - dem Paradiestal - langsam die Tropen. Dort versprachen die Freiwachen einige zauberhafte Stunden.

Und hier kommt jetzt das Ramojanmaatgedicht:

Engel, drengel, Regenflagen,
   wird das Fußpeerd mich noch tragen?
Engel, drengel, Regenflagen,
   Morgen will ich Anna fragen.
Engel, drengel, Regenflagen,
   kein Rum im Foxel, bei sieben Plagen.

Den Anfang hat der alte Matrose von einem Kinderreim auf Helgoland genommen, der geht: *Engel, drengel, drangel, droo / Kotjer, finger, fanger, foo* und handelt von einem Schutzengel und einem Stromer. Jedenfalls so wie ich es verstehe. *Regenflagen* ist Seemannssprache für einen Regenguss, und das Foxel ist das Vorschiff, wo die Mannschaft wohnt. Alles klar?

Das Einzige, was das Rumgespenst wirklich im Leben schätzte, war, als Matrose auf einem Tiefwassersegler zu fahren.

Die See ist ein Laster, eine grau angestrichene Ausschweifung, von der sich der Mensch an Land keine Vorstellung macht. Viele Seeleute überqueren den Ozean und bleiben immun, aber noch mehr von ihnen sind dem leeren Horizont verfallen. Zwischen den Fahrten nach Übersee stieg der Helgoländer Matrose Ramo Janmaat in eine Schaluppe und ging in der Nordsee auf Schellfischfang. Nicht weil die letzte Heuer zu klein gewesen wäre, er leistete sich an Land einen maßgeschneiderten dunklen Anzug. Vielmehr war ihm Helgoland als Untersatz für seine Koje zu groß und zu fest verankert, um es dort länger als ein paar Tage auszuhalten. Er mochte nicht ohne schwankende Planken unter den Füßen sein.

Dann kamen der erste Weltkrieg und die englische Blockade der Nordsee. Für die deutsche Handelsschifffahrt ging kaum noch etwas, und erst recht nicht für einen deutschen Matrosen auf einem englischen Schiff. Ein weiteres Unglück teilte mein Neben-Großvater mit seinen Landsleuten von der Insel. Der Berliner Kaiser Wilhelm der Letzte verriet die Helgoländer. Kein Wort mehr davon, dass er bei der Übergabe der Insel von England an Deutschland in einer pompösen Zeremonie versprochen hatte, seine neu gewonnenen Untertanen stets zu beschützen.

Bei Kriegsausbruch erließ Wilhelm der Letzte einen kaiserlichen Befehl, dass alle Helgoländer ihre Insel zu verlassen hätten. Frauen, Kinder, Alte, der Jammer war groß, doch er verhallte ungehört. Erst weinten die Insulaner bei der Überfahrt auf See und dann in den Auswandererhallen der Hamburger Ballinstadt, deren Sinn sich in das Gegenteil verkehrte als Lager für Vertriebene.

Künftig konnte das Militär dann auf dem Roten Felsen in der Nordsee ungestört schalten und walten und die Seefestung ausbauen. Dieses Verbrechen gegen die Menschlichkeit wurde nie gesühnt, auch hat keine verantwortliche deutsche Stelle dafür jemals um Verzeihung gebeten. Das Helgoländer Inselvölkchen ist zu klein und zu schwach, um Recht und Gerechtigkeit für sich durchzusetzen. Warum sollte es ihm auch besser ergehen als so vielen Eingeborenen auf ihren Inseln rund um die Welt?

Von den Auswandererhallen wurden Ramo Janmaat mit seiner Frau und den anderen Helgoländern zwangsweise über die Hamburger Stadtteile verteilt. Die Sippe Eilers saß nun für die nächsten Jahre in Stellingen fest. Aber nicht so mein Neben-Großvater selber, dem das Meer abhandengekommen war. Als Ramo Janmaat ernsthaft an Land bleiben musste, ist er gestorben. Und zwar an einer Überdosis Rum, das war wirklich ziemlich dumm.

Im Alten Testament sagt Moses: „Wenn ein verheirateter Mann kinderlos stirbt, dann muss an seiner Stelle der Bruder die Witwe heiraten und dem Verstorbenen Nachkommen verschaffen." Nach Moses Art kam ich zu meinem Neben-Großvater.

Allerdings: Im Zeitalter der Neigungsheirat war es in unserer Familie bald nicht mehr angebracht sich auf die Bibel zu berufen. Die Heirat meiner Großeltern Andreas und Anna Ida wurde in den Mantel der Liebe gehüllt und Ramo Janmaat stand in der staubigsten Ecke ihrer Erinnerungen wie ein fadenscheiniges, für immer verbanntes Gespenst. Meine Großeltern hatten meinem Vater Ramos Namen verpasst, um einer dunklen Regung Genüge zu tun. Und mein Vater hatte den Namen an mich weiter gereicht. Es war geradeso, als ob man ein uraltes Kind mit Salzwasser taufen würde.

Peter Pan und Krippenspiele

Eines Tages, kurz bevor ich eine lange Hose mit scharfer Bügelfalte bekam und in die Schule geschickt wurde, verschwand meine Mutter. Ich wusste nicht, wohin. Sie litt an Depressionen, das war auch kein Thema, über das man damals sprechen konnte. Ich saß bei meiner Oma in der Küche oder in ihrem weiß gekalkten Wohnzimmer und hatte viel Zeit. Oma Anna Ida war im Alter eine sehr dicke Frau. Ich musste gucken, dass ich ihr Platz machte, wenn sie sich bewegte.

In ihrer Kommode im Schlafzimmer fand ich das Foto. „Wer ist das?", fragte ich.

„Das ist Ramo."

Das war wohl mehr als kurz angebunden. Sie nahm mir das Foto mit einer energischen Bewegung aus der Hand, legte es zurück, und ich trat vor ihr her den Rückzug ins Wohnzimmer an. Auf dem Foto waren ein Mann, ein großer schwarzer Hund und ein kleiner Junge mit Matrosenmütze zu sehen gewesen. Der Hund stand auf den Hinterbeinen, die Vorderpfoten auf die breite Brust des Mannes gestützt, der schaute das Tier an. Man sah, dass die beiden sich verstanden. Der kleine Junge blickte interessiert in die Kamera. Wen hatte meine Oma gemeint? Der Mann war ganz offensichtlich nicht mein Vater, so viel hatte ich sehen können. Blieb der Junge, und ich kannte nur einen Jungen, der Ramo hieß.

Ramo, ganz klar, das stand bei uns in der Familie für Reimer.

Ich zog eine einigermaßen verrückte Schlussfolgerung. Wollte meine Oma sagen, dass es eine Aufnahme von mir gewesen sei? Meiner Oma konnte ich nicht weiter mit einer Frage kommen, das hatte sie mir deutlich zu verstehen gegeben. Warum mochte sie das Foto nicht? Es beschäftigte mich enorm, wie fremd ich mir darauf vorkam. Wie bei einer dieser putzigen Anekdoten, die sich die Erwachsenen von mir erzählten, und wirklich erinnerte ich rein gar nichts von dieser Verkleidung für den Fotografen.

Dann kam ich in die Schule, meine Mutter war wieder da, und ich fragte sie nach den Gestalten auf dem Bild. Ich erzählte ihr von meinen Spekulationen. Es war das erste Mal nach ihrer Rückkehr, dass ich sie lachen sah. Die Aufnahme, meinte sie, sei bestimmt älter als wir beide, sie und ich, zusammen genommen. Okay, ich hatte keine Ahnung, wie alt wir beide zusammen waren. Es gefiel mir, meine Mutter in Stimmung zu bringen, und ich ahnte nicht, dass ich andernorts ein Gespenst wieder zum Leben erweckte. Mit meinem neuen Wissen wollte ich mir noch einmal heimlich den Mann mit meinem Namen und den Hund und den Matrosenjungen anschauen.

Als ich nachsah, war die Fotografie aus Großmutters Kommode verschwunden.

Das versetzte mich in eine sehr befriedigende Erregung, ich war damals ein großer Freund von Geheimnissen aller Art. In der Schule begannen die Vorbereitungen für ein Krippenspiel, und ich wurde ausgeguckt, das Jesuskind zu spielen. Nach einigen Proben bemerkte ich, dass sich alles um mich drehte, den Kleinsten in der Runde. Diese Sicht der Dinge gefiel mir sehr. Ich lernte die Rolle leicht und wurde eitel. Plötzlich agierte ich als beklatschte Figur in einer Welt der Verkleidungen.

Das Krippenspiel gab mir nachträglich Recht. Wenn ich mich jetzt als Erstklässler in eine Wiege aufs Stroh legte und mit Schaf und Esel redete, war es wohl genauso möglich, dass ich schon mal zu einem früheren Anlass eine Matrosenmütze getragen hatte.

Im Gegensatz zu den meisten rätselhaften Sachen, die sich auf natürliche Art klärten oder im nächsten Monat einfach unwichtig wurden, wie das Krippenspiel nach den Festtagen, machte sich Ramo Janmaat selbständig. Tatsächlich sollte mir der alte Matrose nicht mehr aus dem Kopf gehen. Ich sah ihn, wie ihn der Junge mit der schönen Mütze sah, den ich nicht kannte. Beide wurden sie nicht älter, denn ich hatte nichts als das Foto für meine Betrachtungen. Oder war alles ganz anders und meine Mutter hatte es sich zu einfach gemacht? Und ich war doch die kleine Matrosenmütze gewesen, die neben Ramo Janmaat für den Fotografen posierte, wer weiß?

Ich war längst erwachsen, als ich den Film „Peter Pan" mit Dustin Hofmann sah, und plötzlich hatte ich ein starkes Gefühl von *Deja-vu*. Zugleich hatte ich schon den Plan, nach Chile und Patagonien zu reisen. Daraufhin schlich sich die Nostalgie in meine Zukunftspläne. Ganz selbstlos war es allerdings nicht, dass ich für meinen Neben-Großvater auf seinem alten Segeltrack ein Glas Rum ins Südmeer kippen wollte.

Denn ich kannte nicht nur den Flaschengeist, sondern hatte längst meine eigenen Erfahrungen mit einem heißen Grog gemacht. Wir fingen auf der Insel früh an, Grog zu trinken, aber ich hörte damit wieder auf. Trotzdem war ich eingeweiht und von der Tradition befeuert, und es kam mir in den Kopf, dass ich nach einem Rumopfer vielleicht Ruhe vor der wiedergehenden Teerjacke hätte.

Als *Boy* hatte ich mir einfach die Bettdecke über den Kopf gezogen, wenn es mir zu bunt wurde. Ramo Janmaat begann damals auf dem Strahl des Leuchtturms zu segeln, der durchs Dachfenster auf mein Bett fiel. Unter der Bettdecke habe ich mir jede Nacht die wirklich wichtigen Dinge vorgenommen. Und am nächsten Morgen habe ich das Nachtgespenst mit dem Zeigefinger auf einem kleinen Globus gesucht. Mit Ramo Janmaat, Blacky und Peter Pan im Gepäck kam ich auf diese Weise in die Südsee.

Wenn das Schiffsvolk Glück auf den Planken hat, bleibt am Ende nichts nach, was von ihm kündet. Tatsächlich, das ist Glück! Mit dem Ablauf ihres Arbeitslebens werden die Schiffe abgewrackt, ein umgekehrter Stapellauf, und sie verschwinden im Recycling von den Meeren dieser Welt, wie sie hinein gekommen sind. Andererseits: Wenn ein Unglück geschieht, bleibt irgendwo ein Wrack auf dem Meeresgrund zurück, und die Dinge, die zu ihm gehören, altern nur langsam und haben Geschichten zu erzählen.

Sie müssen nur gefunden werden.

Reimer Boy Eilers stammt von den Helgoländer Hummerklippen. Er schreibt Romane, Krimis, Reisereportagen und Lyrik. Eilers ist Vorsitzender des Schriftstellerverbands in Hamburg und Mitglied im Deutschen PEN Club. Mehr Infos bei Wikipedia.

The Rebel Mermaids
Effie Piliouni Albrecht

Vouliagmeni, Athens, Greece. Late fifties. "Vouliagmeni" means "Sunken," and it took its name from a part of its area forming a crater lake. It has always been one of the most desirable coastal areas near the city, where the tired, downtown Athenians have enjoyed swimming, good seafood and leisure under the Mediterranean sun. Our sun rises and reigns for the enjoyment and pleasure of Greeks and visitors from the cold, dreary central and northern European pockets. It rises here because his father, Apollo was born here. It "reigns" here because the sunsets, over the dry mountains or the sea, are the color of royalty, purpel, deep red and calico and cinnabar, while shades of purple circle its royal presence to accompany it to bed. Everywhere else in the world the sun sets. In Greece it reigns. I was lucky enough to spend my childhood watching it trailing the Athenian sky between early Spring and late Autumn.

My paternal grandparents managed a seafood restaurant in Vouliagmeni, on land they had leased from the Greek government right after the end of WW II and the Civil War. All five of their children were recruited to help with the business every Summer, so my cousins and I lived on location, each family in separate quarters, at the back of the restaurant, which faced the pine covered hill. The family enterprise was called, Plage Laimos, which meant "The Neck Beach," as the building was on a narrow strip of sandy land that separated two beaches. It formed a peninsula that started behind the restaurant with the pine forest and extended into a steep, rocky promontory that fought with the Aegean Sea every time there was a storm. My father would take me to the cliff occasionally and tell me about the wonders beyond the waters: ships that sailed to far-away places, where the sun never set and where there was only Spring. My mother would take me to the pine forest to gather wild asparagus, with which she made the tastiest omelettes I have ever had. She also took me in boats, which she rowed, though, as I found out later, she did not know how to swim because she came from the central, land-locked part of Greece.

The restaurant was huge, or so it seemed to my five-year-old eyes. It was built a few steps away from the water, with open halls that in winter were enclosed by large, glass sidings, to treat the Sunday customers, who enjoyed the sea views, the food and the warmth of a wood-burning stove. Grandpa's three daughters and two sons and their spouses all participated in the family business during peak season only. We, the children, lived in heaven as we thrived on the joys of the sea and everything that the markets had to offer at the time in food, fruit, drinks and sweet delicacies. The huge refrigerator next to the kitchen was the size of a big room, and every time we had a glimpse into it we could see the miracle cornucopia from which we could choose anything we wanted to eat or drink. The "front sea," as we called it, was shallow and close to the entrance to the restaurant. The "back sea," the part that was at the rear of the restaurant, was off limits to us children. It was too deep, the drop from the shallows into the depths too steep and it was where the fishing boats anchored to bring the collected treasures they had caught in their nets during the night to sell to the various restaurants. We were permitted to meet the fishermen and beg for the creatures that they could not sell. We had a huge collection of sea horses, clam shells and weird little fish that we dried in the sun and admired for their oddity. The front beach was accessible to us, safe, sandy and rocky enough for us to discover the water monsters, crabs and little fish and shrimp and shells and snails with smaller monsters crawling out of their holes with claws terrifying enough to excite our imaginations. The water acted like a lens, so even the tiniest water creature took enormous dimensions in our eyes and the sea weed created the stage for the water miracles.

Across from this beach, at a distance of about two kilometers, there was another beach that was accessible from the mainland and which was not as popular. It had only one restaurant while our side had four. My cousin Sophia and I, seven and five respectively, had for a while been determined to cross this huge ocean and find out what was across, on the other beach. I thought that Sophia was a beautiful mermaid, fair skinned with long, blonde hair, different looking from the rest of my cousins and myself. I also thought she was wise because she was in the first grade, which, in my mind was a guarantee of solid knowledge and insight into the mysteries of the world. She always pulled authority over me, but it was I who had conceived of doing the "crossing" though my parents had said there was a limit of a few meters within which we could swim. The boundaries they had set made the venture even more tempting. The desire for the forbidden has been an exclusively human quality since the beginning of time, a human weakness born at the moment of birth, when we decide to leave the womb. Most times we ignore the consequences because the pleasure we derive from what is not right overrides that of what is right and given to us abundantly. We lost Eden for that, but I did not know about that "stuff" then, so I had my own theory: if we were caught, we would be in trouble. It would involve a spanking or a session with a switch from one of the wild bushes around, but that would pass before the marks on our bottoms or legs would disappear. It would hurt a bit and then everything would be fine. The most important fact was that we would have done what we had wanted to do-see the "other side." No problem.

It was the middle of July. Sophia and I prepared everything the night before. Some of the beach rocks, whose every crevice we had known for years, held our provisions for the great adventure. Nobody, none of our other cousins knew of our secret because we suspected they would tell on us. At seven and five you do not trust the twelve-year olds or the four-year olds. Both categories could be treacherous. The rocks protected the snorkeling equipment and the water masks for the night. Our hats slept there too, under another rock on the beach, because we knew we should not expose ourselves to the sun and get sick. If we returned sun struck, the adults would know. At nine we were put in bed, expected to sleep through the night.

My five-year-old brain could not rest though because the next day's adventure had taken up its whole space. I was thinking...or dreaming of huge sailing ships, much bigger than my father had described them to be when he told me the stories of the exotic lands which were thousands of kilometers away from our own seas. I was sitting on the stern because I wanted to reach these amazing places and see them come alive out of my father's narratives. It was as if the spirit of my race was already alive within me. A tiny Odysseus had ensconced himself in my mind. I longed to learn about other people. I wanted to know where they lived and what they thought. I was rocked by the waves on my sailing ship, but it was my mother nudging me and telling me it was time to get up. It was Sunday, one of the busiest days for the restaurant and the day of our long journey.

Sophia and I met on the beach, wearing our bikinis and water shoes, and talked about how busy our parents would be as several customers had already started to arrive, to have their morning coffee before going swimming. Nobody would notice our absence. Around twelve, noon, the tables filled up with hungry weekenders, and our parents, together with the servers were scampering around trying to satisfy the patrons' appetites. Grandpa was yelling orders at everyone, so nobody would bother with where all the children were. Bad people and society dragons were not a concern in Greece of the fifties, so we were rather free to enjoy what the water, the sand and whatever the cousinly camaraderie had to offer.

It was the right time to go. "Are you sure your brother did not realize his water mask is missing?" I asked. "Yes," she said, "but if my father realizes we are missing, we will be in huge trouble. We will be lost, we will be doomed, we will be grounded for ever!" "You are a scaredy cat," I said, more to tell myself I was brave than to scold her. "They will not see us! They will not see us! I know it! I know it!" I screamed.

The two conspirators walked casually toward the beach. The open-air restaurant hall was full of half-wet, half-dressed humans devouring fish and shrimp and roasted octopus and tomato-cucumber salads. They were drinking FIX beer, the first ever beer brewed in Greece and retsina and huge amounts of water. There were no carbonated drinks then, but lemonade, orange and sour cherry juice that tasted heavenly. There was also Sinalco, the forerunner of carbonated drinks, whose sweetness surpassed all the other beverages. The beach was full of sunbathers and swimmers, big, small, young and old, mothers screaming at their children that they would drown if they were not careful and that they should not swim before three hours had passed since their last meal. Nobody would notice the two little girls in the middle of a crowd of children and toddlers splashing each other, floating on their bright, doughnut shaped life savers or building sand castles. Sophia and I arrived at our rock. Everything was there. We put our hats on and the snorkels around our necks. We thought that, for the first time, we would be able to see the restaurant of Mr. Togas, on the other side of our "ocean." We knew that place was far away because when my grandfather was angry and started yelling, our grandmother always said, "What are you yelling for, Christian man? They will hear you at the Togas restaurant." The other attraction of the "other side" was the cave. There was a cave on the opposite beach, which went underwater and connected to the Vouliagmeni sunken lake, the deep earthquake formed opening that had been created thousands of years ago. There was a theory that there was a water passage between the sea and the sinkhole. We wanted to find it too. Kostas, Sophia's older brother, had told us that many had drowned in that sinkhole, which reached the center of the earth. Kostas was twelve and he definitely knew things.

The ocean was blue and open ahead of us. We had gone beyond the boys when I suddenly asked my cousin whether her feet could touch bottom. "Of course, I touch bottom," she said, "because I am tall." I admired her for that and thought that when I went to school, I would suddenly become tall too and could reach bottom, which, now was too far from my toes. There was no end to my admiration for my tall and blonde cousin. I put my mask on and started observing the world under water. Here was a perch. Another school of silver fish whose names we did not know. Shrimp! And crabs walking sideways in and out of rock clusters. We were observing and swimming toward the ultimate destination of our adventure, the other side. The magnifying glass on the masks gave everything unreal dimensions. A monstrous mullet! No, it is a flounder. I had heard the names of all the fish from the adults in the family and the cooks in the kitchen but was never clear as to which was which. I was proud that I could think of all the names of the slithering, under water living treasures and arbitrarily name them whatever I wanted. The small fish took on unbelievable sizes, and the little lives of the Vouliagmeni sea became exotic monsters which the two girls dodged by skillfully maneuvering their arms and legs. Mullets became sharks and perches became swordfish. Shrimp had been transformed to huge lobsters, with claws strong enough to crush a boat, let alone the girls' tiny legs.

The family restaurant was far away or so we thought because young minds distort distance, time and age. Sophia and I had seen what the ocean was hiding, and it was time to see the Togas restaurant, where grandpa's voice reached when he was angry. Then we would find the entrance to the sinkhole and maybe to the underworld. But destiny had other plans for us, young, fearless water humans. We were sure our restaurant was way behind us, when my father's voice thundered from the distance, louder than grandpa's when he was angry, louder than Zeus's when he was upset with stupid mortals. "Sophiaaaaa!!!" "Effieeeeee!!!"

The adults had discovered our absence and if we had broken into a cold sweat, we could not tell because we were inside the cold water. Our return would not be met with celebrations for our discoveries. No stories of lobster-sized shrimp could save us from consequences. My five-year-old heart started palpitating, giving me more flutters than the fish swimming around my legs and feet. We suddenly realized that the sun was about to set, that the restaurant patron crowds had thinned out and that the beach was not full of silly children any more. Our purpose of going all the way to the beach across was immediately reversed, with our only destination being our beach behind us and our parents' loving arms if we were lucky. We had forgotten the Togas restaurant and the hole to the bottom of the earth and were splashing frantically toward home. We realized how tired we were and how terribly hungry. We had forgotten about food for most of the day because we had been filled with the desire for adventure. The swim back felt endless and I started whimpering. My fearless heart had again become a little heart thinking only of my mother's arms and of my bed.

"I touch bottom!" screamed Sophia and we both knew we were a few meters away from our familiar beach. We lifted our heads to see our four parents standing on the edge of the water, with their arms folded on their chests and their faces stormy. Soon, though, relief replaced the frowns on their faces. The two intrepid mermaids had returned safe. Our mothers took us to the restaurant while the fathers were following, asking those silly questions parents always ask when they are angry and serious. They were lecturing us about the dangers of the water and of disappearing without telling them. We had heard those kinds of lectures endless times, and, as always, we responded with stupid smiles and huge yawns. I was excited about telling my other cousins of the marvels we had seen at the bottom of the sea of Vouliagmeni and how we had avoided all the terrible monsters that hid under water. They would envy us terribly.

Fried squid and French fries and tomatoes and bath and bed were in order. We wolfed down everything. I went to bed. I started swimming under water, in the company of mullets, flounders, sharks and sword fish and giant lobsters and shrimp and sea snails. What joy! What a miracle to find myself under water again, to swim and splash and maneuver in all directions. Together with all the sea creatures, one little, five-year old sea creature, floating happily and seeing colors and gracefully dancing sea weeds and other wonders. The sun was filtering itself through the crystaline water to give life to everything that was between the two beaches.

Effie Piliouni Albrecht wurde 1953 in Athen, Griechenland, geboren. Nach Abschluss ihres Studiums in englischer Literatur an der Universität Athen promovierte sie sich an der Auburn University in den USA in altenglischer und mittelalterlicher Literatur. Sie lehrte an der Auburn University, und seit ihrer Pensionierung ist sie sowohl schriftstellerisch als auch künstlerisch tätig, wobei ihr Hauptinteresse der Mosaikkunst gilt.

Ich verbrachte die ersten sechs Sommer meines Lebens in einem Restaurant an der Küste Attikas. Es gehörte den Eltern meines Vaters. Für die Kinder unserer Familie und mich waren diese Sommer angefüllt mit Erfahrungen und Abenteuern an den Buchten von Vouliagmeni, in denen unsere Unschuld und Vorstellungskraft die Hauptrolle spielten. Die "Rebel Mermaids" ist die Geschichte zweier Mädchen, die ein Abenteuer planen und erleben, bei dem sie von ihrer Seite der Bucht von Vouliagmeni zur gegenüberliegenden schwimmen. Beschrieben wird sowohl die Reise vom Bekannten zum Unbekannten als auch die Konsequenzen.

Der Nickneger
Angelika Meder

„Weil ich Jesu Schäflein bin ..."

Sie gehen die Dorfstraße hoch. Rechts das Muhen der Kühe, links das Gegacker aus dem Hühnerstall. Überall stehen hohe Bäume, durch die das Sonnenlicht seine Strahlen schickt. Es riecht nach Schweinen und Misthaufen. Aber nur an dieser Ecke.

„...freu ich mich so immerhin ..."

Zwei Mädchen, fünf Jahre. Sie singen andächtig.

„Er hat mir heute von ganz alleine zugenickt", flüstert die eine leise und stolz.

„Wer?", fragt die andere überrascht.

„Der *Nickneger*", antwortet die Erste.

„Nein!", kommt es entschlossen zurück.

„Doch!", Das klingt trotzig.

„Du weißt genau, dass er das nicht kann!", wiederholt das erstaunte Mädchen mit den blonden Locken.

„Wohl kann er das", presst die Erste mit den kurzen Haaren hervor. Tränen steigen ihr in die Augen. „Er tut es aber nur manchmal ... und nur bei ganz besonderen Menschen."

Kein Lied mehr auf den Lippen.

„So wie bei dem Schäflein, das der Hirte gesucht hat in der Geschichte heute?", fragt die Blonde nachdenklich und ein bisschen unsicher.

„So wie bei dem Schäflein ...", bestätigt die Erste froh.

Darauf wäre sie nicht gekommen. Die Geschichte ..., genau ..., da war es auch so. Hundert Schafe, eins verirrt sich und der Hirte lässt neunundneunzig zurück und sucht das eine. Es ist etwas Besonderes. Das kann nur so sein. Warum würde er die anderen sonst allein lassen und dieses eine suchen?

Ganz besondere Menschen. Ist sie auch einer von ihnen?

Sie stimmt das Lied noch einmal an.

„...über meinen guten Hirten,
der mich wohl weiß zu bewirten,
der mich liebet, der mich kennt
und bei meinem Namen nennt."

Sie singen das Lied zu Ende.

Im Kindergottesdienst heute Morgen hat die Frau des Pfarrers die Geschichte vom verlorenen Schaf erzählt. Den Kindergottesdienst will kein Kind aus der Nachbarschaft verpassen, da nehmen sie Wege von überallher im Dorf auf sich zum Pfarrhaus mit der steilen, steinernen Treppe und dem Eisengeländer, der dunklen Diele, die nach Bohnerwachs riecht und nach Alter, der Tür, die knarrt, wenn sie aufschwingt, der Schwelle, die ausgetreten ist von den vielen Schuhen. Jeden Sonntag kommen ungefähr zehn Kinder, die Hefte in der Hand, in die die Bildchen eingeklebt werden. Da soll keine Lücke bleiben. Heute war es das verlorene Schaf, von dem die Frau des Pfarrers mit den gebundenen Haaren am Hinterkopf erzählt hat.

Sie kann erzählen, nicht nur vorlesen. Sie schaut die Kinder an, verändert ihre Stimme, hebt und senkt sie, macht mit Geräuschen den Wind nach und lässt die Kinder den Regen durch Trommeln mit den Fingern nachahmen. Darum sitzen immer alle ganz still und lauschen. Und die Frau des Pfarrers kann singen. Ihre Stimme findet mühelos alle Höhen und Tiefen. Da fallen alle ein: „ Jesu geht voran ...."

Heute haben sie ein neues Lied gelernt: „Weil ich Jesu Schäflein bin ... „Das passte zu der Geschichte. Die Kinder haben sich gefürchtet, dass das kleine Schaf, von dem die Rede war, vom Wolf gebissen wird oder dass es verhungern oder verdursten muss, dass es den Weg nach Hause nicht mehr findet und in einen Felsspalt stürzt. Aber es ist ihm nichts geschehen. Zum Glück. Weil der Hirte sich auf den Weg gemacht hat und ihm nachgegangen ist.

Wie spannend das war. Am Schluss hat der Hirte dann doch das Schäflein gefunden und auf seinen Schultern zurückgetragen zum Mutterschaf, was sich sehr gefreut hat, dass das Schafkind wieder heil da war.

Danach kommt: „Ringlein, Ringlein, du musst wandern ..." Bei dem Lied und dem Spiel, in dem ein Ring weitergereicht wird, ist klar, dass es bald zu Ende ist.

Die Glocke läutet. Dann beten die Großen drüben in der Kirche das „Vater unser". Auch die Kinder sprechen das Gebet. Das können viele schon. Was dann kommt, wissen sie und würden gern drankommen.

Am Schluss der Stunde darf einer oder eine den *„Nickneger"* holen und herumgehen mit ihm und dann werfen alle die Pfennige in den Spalt der kleinen Holzkirche. Davor kniet ein kleines *Neger*kind, den Kopf gesenkt, die Hände gefaltet. Und immer wenn man etwas hineinwirft, darf man den Kopf des *Negers* antippen, dann wackelt er hoch und runter. Das ist lustig. Darum nennen sie ihn den *„Nickneger."* Weil er immer nicken muss. Manchmal nimmt sie extra fünf Pfennigstücke mit, dann darf sie vier Mal tippen ...

Der *Nickneger* kann nicht den Kopf schütteln, nur nicken. Anders kann man ihn nicht bewegen. Nur nicken. Immer nur nicken.

Sie freut sich.

Zuhause wartet das Mittagessen. Es gibt bestimmt Fleisch heute. Es ist Sonntag. Und zum Sonntag gehört Braten. In der Woche stehen Grießbrei und Suppe und Pfannkuchen und Eier mit Spinat auf dem Tisch, aber am Sonntag gibt es Fleisch mit Soße und Kartoffeln. Meistens schleckt der Vater den Teller aus. Und beim letzten Bissen kleckert er und die Krawatte oder das weiße Hemd sind voll mit Soßenflecken.

Dann ärgert er sich und flucht. Aber alle lachen. Und er auch. Sie liebt sein Lachen. Er legt dabei leicht den Kopf nach hinten und lacht laut mit offenem Mund. Und wenn er pfeift, nimmt er zwei Finger in den Mund und bläst. So will sie das auch können.

„Bis morgen dann", winkt die Kurzhaarige. Sie muss ein paar Schritte weiter zu einem Haus weiter unten in der Straße.

„Ja, bis dann", ruft die Blonde ihr hinterher.

Schon ist sie die Treppenstufen zur Haustür hoch. Aus dem Küchenfenster hört sie das Klappern der Töpfe und Teller. Heute kommen auch Oma und Opa. Vielleicht sind sie sogar schon da! Dafür hat Mama gestern einen schönen Käsekuchen gebacken.

Hmmm ... Käsekuchen. Das ist ihr Lieblingskuchen! Hoffentlich sind Rosinen drin.

Im Altenheim.

Die Sonne schickt ihre gleißenden Strahlen in den Raum, darum hat sie die Jalousie heruntergelassen und das Fenster geöffnet. Es riecht trotzdem unangenehm nach Toilette und Kaffee, gemischt mit Putz- oder Desinfektionsmitteln.

Die Tochter bringt Kuchen mit. Käsekuchen. Das ist ihr Lieblingskuchen.

Nach dem Kaffee plaudern sie, bis die Mutter müde wird.

„Er hat mir zugenickt." Die alte Frau schaut sie glücklich an.

„Wer?", fragt die Tochter.

„Der Negerbub," antwortet die Betagte.

„Mama, das sagt man heute nicht mehr," gibt die Tochter peinlich berührt in tadelndem Ton zurück. „Und außerdem ist er kein Bub mehr, sondern ein junger Mann, ein neuer Pfleger. Er kann nicht besonders gut deutsch, darum nickt er jedem freundlich zu", hält sie ihrer Mutter entgegen.

„Nein!", besteht diese auf ihrer Behauptung.

„Doch", besänftigt die Tochter. Sie bereut ihre Unfreundlichkeit. „Du weißt doch, dass er noch nicht lange hier ist. Darum kann er die Sprache noch nicht so gut. Ich finde ihn aber auch nett."

Es hat keinen Zweck, ihr das zu erklären. Zeit hat keine Bedeutung mehr. Schon lange nicht mehr. Zusammenhänge verschwinden. Aber Beziehung, die zählt. Ein Lächeln. Ein Nicken. Ein Kuss. Und der erlebte Moment.

„Aber dir hat er nicht zugenickt", setzt die alte Dame wieder an. Ihre Stimme klingt mehr trotzig als traurig. „Er tut es nicht bei jedem. Nur manchmal. Und nur bei ganz besonderen Menschen."

Der junge Mann hat die Zimmertür leise geschlossen, nachdem er das Geschirr abgeräumt hat. Von draußen dringen leise Geräusche ins Zimmer, klapperndes Geschirr, Stimmen ... sie verlieren sich auf dem Gang. Die Uhr tickt.

„Und du bist eben ein solch besonderer Mensch", meint die Tochter leicht amüsiert. Ihr Blick geht zur Mutter im Stuhl.

„Ja, gelle?" Die alte Frau strahlt.

„Ja, wirklich, du bist besonders. Und alle Menschen sind in Gottes Augen etwas Besonderes. Du ... und ich ... deine Kinder ... und Enkel ...", beginnt die Tochter die Reihe.

„...und die armen Negerkinder, die nichts zu essen haben", fügt die Mutter wie selbstverständlich hinzu.

„Ach Mama! Jetzt lass das doch mal ...", seufzt sie. Es dringt eh nicht mehr zu ihr durch. „Jetzt muss ich mich aber auf den Heimweg machen", sagt sie und schaut kurz auf die Handyuhr. Sie wird in den Berufsverkehr kommen. Da sind noch über eine Stunde Fahrt und wahrscheinlich Stau. In der Hitze!

Zum Abschied das gleiche Ritual wie immer.

Sie faltet die Hände. Die Mutter tut es ihr sofort gleich.

Sie beten den Psalm 23.

„Der Herr ist mein Hirte ..."

Das tun sie immer zum Abschluss des Besuches.

Dann singen und beten sie.

„...bleiben im Hause des Herrn immerdar."

Psalm 23 und Vater unser geht immer. Und die alten Lieder.

„Liebster Herr Jesu, Herrscher aller Herren, Gottes und Mariensohn ..."

Da blüht sie richtiggehend auf. Es war das Konfirmationslied der Mutter. Das kennt sie. Steht das heute überhaupt noch im Gesangbuch? Egal, sie können es beide auswendig.

Dafür ist sie in solchen Momenten richtig dankbar. Was wird heute noch auswendig gelernt? Wahrscheinlich herzlich wenig. Wie werden sich zukünftige Generationen noch verständigen können wenn sie keine gemeinsamen Lieder mehr haben, keine Sprüche, keine Texte, die ihnen zu Eigen sind? „By heart... im Herzen" sagt der englische Ausdruck.

Die Mutter und sie haben ihn noch, den gemeinsamen Raum mit den alten Geschichten und Melodien.

Die alten Muster greifen besonders gut. Kindheit dient dabei als ein Anker, frühe Emotionen haften im Seelengrund, Verhaltensweisen prägen etwas, das durch die Zeiten gleich bleibt. Wir suchen nichts und werden doch gefunden.

Was Hänschen gelernt hat, vergisst Hans nimmermehr. Auch die verwirrte Mutter nicht. Am Schluss ist es nur die Liebe, die verbinden kann. Und der Glaube an sie. Und die Hoffnung, dass sie auch trägt, wenn nichts mehr da ist. Durch alle Zeiten hindurch.

Ich sitze im Auto. Die Hitze brütet.

„Das tut er nur bei besonderen Menschen ...", hallen ihre Worte in mir nach. Und plötzlich ist sie wieder da, die Szene vom Kindergottesdienstnachhauseweg.

Buben wollte sie. Und „Besonderssein" war ihr Thema, vergleichen ihrer Kinder mit anderen. Sie sollten groß sein, schön, klug. Heraus kam: größer, schöner, klüger als andere. Meine Schwester hat ein „Summa cum Laude" Examen gemacht und was sagte meine Mutter? „Du hättest doch noch Religion studieren können!"

Loben und zufrieden sein war noch nie ihre Stärke.

Was hat das nur für Wurzeln in mir und meinen Geschwistern geschlagen? Ich bin kein Bub geworden. Und sie wollte auch keine Kinder mehr, bevor sie mit mir schwanger wurde. Aber dann kamen doch noch zwei nach mir.

„Und dann hat das schlagartig aufgehört mit dem Kinderkriegen", sagt sie.

„Aber auf einmal war Schluss." Wir lachen. Auch wenn es irgendwie doppeldeutig und aus diesem Grund nicht lustig ist. Einmal ist Schluss – wie wahr. Schluss mit dem Leben, auch mit dem eines besonderen Menschen.

‚Und sind nicht alle Menschen irgendwie besonders? Besonders klug, besonders alt, besonders hübsch, besonders verwirrt, besonders eben?', denke ich.

Auch der *Nickneger*? Ja gewiss. Der auch.

In vielerlei Hinsicht ist das Leben besonders. Es ist so besonders, dass wir endlich begreifen, wie herabwürdigend es war, was wir ganz selbstverständlich gesagt und getan haben. Dass darin unser bewusstes Umdenken bestehen sollte, unsere Anstrengung, der wir nicht aus dem Weg gehen dürfen.

Es sind unsere Gedanken und Worte, die Räume eröffnen. Und wenn wir dem begegnen, der uns fremd ist, ist es sehr wichtig, dass wir achtsam bleiben im Umgang miteinander.

Angelika Meder, Jahrgang 1959, wurde als viertes von sechs Kindern in einer ländlichen Gegend groß. Die Familie, die in einem kleinen, sozial engen Dorf lebte, prägte sie mit ihren Traditionen. Dazu gehörte auch der sonntägliche Kirchgang und für sie als Kind der Kindergottesdienst. Die Autorin studierte Theologie in Tübingen und Marburg, arbeitete und lebte mit Mann und Tochter zwei Jahrzehnte in Offenbacher Gemeinden und konnte mehrere Jahre als Dekanin die Kirche mitgestalten.

Sie interessiert sich für Sprache, Träume, Kunst und liebt Musik und deren tiefe Wirkung auf Menschen.

Die Katze Molly, noch einmal in Schwarzweiß.

Das Seifenkistenrennen
Horst-Jürgen Fiedler

Heute wie damals wohne ich in einer kleinen Stadt in Rheinland-Pfalz. Mitten im Herzen der Pfalz sozusagen. Den Pfälzer Wald finde ich einfach großartig. Nach vielen Jahren der Heimatferne, verschlug es mich wieder in diese Stadt. Viele besondere Erlebnisse aus Kindheitstagen trage ich mit positiven Gefühlen im Herzen. Von einem mag ich gerne berichten.

Was sind wir gerannt. Die Jungs mit ihren Mofas und leichten Motorrädern bewundernd. Chrom blitzte in der Sonne. Halbstark war damals noch ein Begriff, zu dem es eindeutige Assoziationen gab. Männliche Gestalten, welche schon alleine mit ihrem Outfit ihre Abneigung gegen die herrschende gesellschaftliche Ordnung demonstrierten. Und tatsächlich waren es ausschließlich Jungs. Verwegene Idole unserer Jugend. Das Seifenkistenrennen, was für eine Freude. Alle waren dabei. Admiral, Lebkuchen, Claudius, Ulbricht, Hägar, Schlumpf und viele mehr. Es waren Jugendliche, die mit Ihrer langen Haarpracht und dem voluminösen Bartwuchs tatsächlich erwachsen, sowie respekteinflößend wirkten.

Fast alle von uns, also die Großen wie die Kleinen, hatten dieser Tage einen „Uznome". Das ist die korrekte pfälzische Bezeichnung für einen Spitznamen. Den richtigen Erwachsenen waren diese „Gammler", „Zotteligen" oder „langhaarigen Bombenleger" meist zutiefst suspekt, sie lösten

Aversionen aus und provozierten oftmals ohne dies bewusst zu wollen. Einfach durch ihre bloße Anwesenheit. Uns Kindern gefiel dies. Teil dieser kraftstrotzenden Clique sein zu dürfen, erfüllte unsere kleinen Seelen mit Stolz.

Dass wir als Zwölf-, gar Zehnjährige bei dieser Gemeinschaft dabei sein durften, machte uns stark. Wie Adlige, die in einem besonderen Glanze erstrahlen.

Eine sonnendurchflutete Lichtung geriet zu unserer heimlichen Heimat. Nicht nur im Sommer. Mir bedeutet der Wald sehr viel. Ellenlange Streifzüge standen an der Tagesordnung. Ich erinnere mich, wie ich mich des Nachts mal rausgeschlichen hatte, um allein durch die Dunkelheit zu wandern. Angst verspürte ich bei Abenteuern dieser Art nie. Noch heute erscheint mir die Stadt bei Nacht weitaus gefährlicher als der Wald.

In unserer Truppe war immer etwas los. Wir trafen uns bevorzugt in einem kleinen Waldstück, direkt hinter dem Wohnblock, wo meine Eltern mit mir lebten.

Immer wieder ergab es sich, dass wir uns dort trafen. Wir wurden immer mehr. Jungs und manche Mädchen. So wuchs die Gruppe.

Meist machten wir Quatsch oder spielten. Für die Phantasie gab es keine Grenzen. Hesse, sein Spitzname stammte von dem berühmten Schriftsteller, brachte hin und wieder ein Buch mit und las uns daraus vor. Lebhaft kann ich mich noch an Emil und die Detektive erinnern und wie wir es in unserem improvisierten Waldtheater nachspielten.

Bei einem unserer Treffen entstand die Idee: Wir machen ein Seifenkistenrennen.

In den nächsten Wochen sammelten wir alles, dessen wir habhaft werden konnten. Irgendwie musste das Material nur den leisesten Anschein erwecken, es sei zu gebrauchen. Alte Kinderwagen, Sperrholz von diversen Speichern, sowie Lenkräder ausrangierter Go-Karts.

Allerdings kamen wir nicht umhin, mehrmals im nahegelegenen Baumarkt Geld auszugeben.

Dafür übernahmen wir dann zu Hause oder in der Nachbarschaft Zusatzdienste, die mit ein wenig Kleingeld vergütet wurden.

Schweren Herzens trennte ich mich von einem großen Teil meiner Comic Sammlung. Für gut erhaltene Hefte gab es damals bis zu 25 Pfennig pro Stück.

Nun entschied das Los über die Zusammensetzung der Teams. Jede Mannschaft war ab sofort verantwortlich für die Fertigung ihrer eigenen Kiste.

Fünf waren wir in unserem Team. Joachim, Holi, Lupo, Leila und ich, Mr. Lustig, bildeten diese Einheit. Sodann bauten und tüftelten wir, als gäbe es kein Morgen.

Der Termin rückte näher. Jeder hatte seine Bestimmung. Allen voran Joachim, für ihn gab es nur seinen richtigen Vornamen, obschon jeder einen Spitznamen weghatte. Bei ihm kam es nie dazu.

Technik war seine Welt. Selbstverständlich fungierte er als Chefingenieur in unserem kleinen Rennteam. Holi, heißt eigentlich Holger. Er assistierte als erster Techniker. Aus dem damaligen Comic Fix und Foxi wurde Lupos Name abgeleitet. Er war der zweite Techniker. Tatsächlich war da eine frappierende Ähnlichkeit zu konstatieren. Andrea wurde mal von einem Cliquenmitglied despektierlich einfach so Leila genannt, ohne Grund. Von da an hatte sie auch einen Uznome. Sie konnte damit leben. Als Fahrerin das einzige Mädchen am Start.

Ich war für die Versorgung, sowie sonstiges zuständig. Zu dem Sonstigen später mehr. Im Grunde Mädchen für alles. Mir fehlt bis heute jedwede handwerkliche Begabung. Doch ich konnte damals schon Menschen begeistern, motivieren und für gute Stimmung sorgen. Daher auch Mr. Lustig. Neben den anderen Teams gab es die Rennleitung und das Organisationsteam. Unsere halbstarken Freunde erklärten sich für den Support bereit. So bestand deren Hauptaufgabe darin die Seifenkisten mit ihren leichten Motorrädern und Mofas wieder den Berg hochzuziehen.

Der Showdown rückte näher. Jeder Mannschaft mit ihrem eigenen Gefährt.

„Leila, das einzige Mädchen im Team, ging als Fahrerin an den Start.

Der große Tag:

Zwei Kinder unten und zwei oben an der von uns auserkorenen Rennstrecke. Jemand hatte rot-weiße Plastikabsperrmarkierung besorgt. Links und rechts des kleinen abschüssigen Weges verliefen Felder. Tolle ausgedehnte Natur mit einer schier endlosen Weite. Landschaft, soweit das Auge sah. Heute ist die Gegend mit Häusern zugebaut und nicht mehr zum Spielen geeignet.

Zu unserer Zeit gab es kaum Autoverkehr. Es wundert mich noch immer, dass diejenigen, welche den Weg nutzen wollten, anstandslos drehten, als wir Kinder ihnen mit ernsten Gesichter erklärten:

„Es findet eine Veranstaltung statt!"

Was ja nicht gelogen war!

Johannes, bei uns hieß er „Jonny", Sohn eines Pfarrers. Wahrscheinlich verfluchte sein Vater die Namensgebung insgeheim, da er von uns niemals Johannes, sondern eben stets nur Jonny gerufen wurde. Übrigens war das Pfarrheim toll zum Spielen geeignet und da am Wochenende, vornehmlich sonntags, der Vater immer sehr viel zu tun hatte, konnten wir uns bei Spielen wie „Räuber und Gendarm" uns nicht nur im Freien, sondern auch drinnen austoben. In unserer Mietwohnung wäre dies nie möglich gewesen.

Alleine aufgrund des beeindruckenden Anwesens wollte ich dann Pfarrer werden. Ein Berufswunsch, der sich dann doch nicht erfüllte.

Besagter Jonny musste nur einmal zu einer Notlüge greifen. Als ein Fahrer sich kurz aufregte, erwiderte der Junge: „Es stand doch in der Zeitung, es ist eine Jugendveranstaltung".

„So eine Frechheit", hörte er den Fahrer noch beim Wenden schreien. Dann verschwand der Wagen in der Ferne.

Derweilen rasten die Kisten mit Ihren wagemutigen Fahrern bereits den abschüssigen Hang hinunter. Bevor das eigentliche Rennen begann, wurden Testfahrten durchgeführt.

Kaum jemand konnte es erwarten, alle wollten – wenn auch nur für wenige Minuten – Rennfahrer sein.

Meine Runde genügte mir. Auf ein zweites Mal konnte ich gut verzichten. Unser holzgebasteltes Gestell ging ab wie eine Rakete. Ehrlich verspürte ich sogar eine gewisse Angst, als das Geschoss mit mir die leichte Anhöhe runtersauste. Alles wackelte und rappelte.

Was uns Kleinen besonders freute: Gerade auch die Großen drängten sich, damit mal zu brausen.

Schließlich rief Admiral: „Alle mal herhören!" Ein stattlich gewachsener junger Mann, schlaksig. Doch mit einem bestimmenden Auftreten.

Er hielt tatsächlich eine kleine Rede. An den Text kann ich mich nach all den Jahren nicht mehr erinnern. Nur an diese absolute Stille. Mucksmäuschenstill, ein Begriff, der mir hierzu einfällt.

Dann ging es los! Die Fahrer sprangen zu den tollkühnen Kisten. Die Teams um die Holzgefährte versammelt. Nacheinander ging es ab.

Häger hisste die Flagge, ein Stock mit einem roten Putzlappen dran. Wichtig hielt er die Flagge kurz in der Luft, alles blickte gebannt, dann das Niedersausen, und die Seifenkiste raste den Berg runter. Lebkuchen saß drin. Sein Team schrie aus Leibeskräften. Lebkuchen zeigte uns vor dem Rennen stolz seinen neuen Pullover, den ihm eine Tante aus Amerika geschickt hatte.

„Der bringt mir heute Glück", sprach er selbstsicher. Da geschah es: bei der ersten Schikane, eine scharfe Kurve nach dem abschüssigsten Teil. Lebkuchen verlor die Kontrolle, die Kiste kurz auf zwei Rädern, dem rechten Vorder-, sowie rechten Hinterrad.

Mit einem hässlichen Knall barst die Vorderachse und die Kiste überschlug sich. Zeitlupenmäßig sehe ich diesen Unfall, fast vierzig Jahre danach noch immer vor meinem geistigen Auge, wenn ich daran denke. Noch den Schrecken in den Gliedern, rannten wir los. Die Aufregung groß. Nicht minder groß der Ärger bei Lebkuchen, da Admiral, als Erster an der Unfallstelle, zunächst nur Augen für die kaputte Kiste hatte und schon mal grob abschätze, ob da wohl auf die Schnelle noch was zu machen sei.

Das Mitgefühl für seine Schrammen und den zerrissenen Pullover bekam er später. Lebkuchen nahm es nach dem ersten Schock sportlich. Alle beruhigten sich, da es keine ernsthaften Verletzungen gab.

„The show must go on", schrie irgendwer. Leila endlich am Start.

Unser Auftritt! In Windeseile zogen wir blaue kurze Röcke und passende Oberteile über. Jeder ein Paar Pompoms in den Fingern – fertig, die perfekten männlichen Cheerleader! Soweit zu dem Sonstigen.

Noch als Leila am Start stand, gab ich Hägar schnell ein Zeichen, kurz zu warten. Gleichzeitig brüllten wir los: „Give me a L, give me an E...", weiter ging es, bis der komplette Name in einem urlautartigen Geschrei aus zig Kehlen grölend sich zu einem Zeugnis der Lebensfreude manifestierte. Die Überraschung total auf unserer Seite, schrien alle begeistert mit. Die dazu einstudierte Choreographie geriet ein wenig außer Kontrolle.

Die Flagge sauste und unsere Fahrerin raste los.

Die erste Schikane veranlasste uns, den Atem anzuhalten. Sollte sie aus der Kurve getragen werden? Vor lauter Spannung krallte ich mich an Joachim fest.

Die Kiste schlingerte, riss nach rechts scharf aus, fing sich wieder, um nach links auszubrechen, und raste mit einem Affenzahn unten ins Ziel. Ich sah Leila förmlich in dem Gefährt hin- und herschaukeln. Schon brauste ein Mofa los, um die Seifenkiste wieder hochzuziehen.

Drei Minuten und vierundzwanzig Sekunden, so wurde die Zeit exakt von Gertrud gestoppt. Gertrud hieß Sabine. Ihr zweiter Name, auch im Personalausweis eingetragen, eben Gertrud. Von ihren Eltern eine gut gemeinte Hommage an die Großmutter väterlicherseits. Seit dies kleine Geheimnis zur allgemeinen Kenntnis gelangte, wurde Gertrud zu dem Namen für sie in der Clique bestimmt. Anfangs ärgerte sie dies ungemein. Doch das Kollektiv konnte grausam sein. Irgendwann akzeptierte sie die für sie unschöne Namensgebung.

Freudig hielt sie die Stoppuhr in der Luft und schrie die Zeit aus voller Kehle. Drei Minuten und vierundzwanzig Sekunden, bisher das beste Ergebnis!

Der vorletzte Fahrer ging an den Start. Für unser Team stieg die Spannung. Die Fahrt rasant und schnell vorbei. Gertrud schrie: „Vierminuten und…"

Eine tiefe Freude überkam mich, dabei hörte ich schon nicht mehr hin. Nicht nur weil unser Team führte. Nein, es war einfach grandios bei so einem Ereignis, bei solchem Tun dabei sein zu dürfen. Denke, mir war es damals schon klar: Hier fand etwas Einmaliges statt, und ich empfand Dankbarkeit dies erleben zu dürfen.

Das Spektakel war seit dem Beginn musikalisch umrahmt. Aus einem gewaltigen Kassettenrecorder tönten die Melodien von Moody Blues, Procul Harum wie weiteren Stars der 60er und 70er Jahre. So erklang Nights in Withe Satin, A Whiter Shade of Pale und Ähnliches immer wieder unterbrochen von Aktuellerem. Dazwischen unsere motorisierten Freunde. Die machten sich einen Spaß daraus, ihre Maschinen brüllen zu lassen. Was für ein Feeling!

Der letzte Fahrer rauschte mit Dreiminuten und fünfzig Sekunden ins Ziel.

Albatros und Admiral von der Rennleitung verkündeten mit ernster Miene das Ergebnis.

Albatros hieß eigentlich Alfons. Wir fragten uns früher oft, wie ein junger Mensch so einen Namen haben konnte. Allein aufgrund seiner stattlichen Statur unterließ man es außerhalb der Clique, ihn wegen des Namens zu hänseln. Mit Albatros konnte er leben. Und Admiral, bei der Gruppe der Halbstarken verortet, hatte im Grunde die Rolle des informellen Führers über alle Altersstufen hinweg. Keiner wusste, wie es zu dieser Namensgebung kam.

„Der hat gar keinen Spitznamen, das steht in seinem Pass." Ein Scherz, der regelmäßig aufkam.

Wir freuten uns, umarmten uns, die anderen gratulierten. Ich ließ den Blick schweifen:

Natur pur zum Spielen, und eine eingeschworene Gemeinschaft zum Pferdestehlen. Oft nach der Schule bis zum Einbruch der Dämmerung weg, mit uns, mit unseren Abenteuern beschäftigt. Kaum einer schaute Fernsehen.

In der Schule mal gefragt, welche Abenteuerserie er besonders mag, antwortete Jonny: „Ich mach mir meine Abenteuer selbst."

Dann schwärmte er so begeistert von der Clique, dass alleine aufgrund seiner Schilderungen Kinder den Weg zu uns fanden. Einige von diesen Gestalten – Namen, auch die Uznomen sind alle geändert – sind heute noch meine Freunde.

Solche Leichtigkeit, dazu das Leben als Spiel begreifend und wir mittendrin. Eine eingeschworene Gemeinschaft. Die Zeit schien wirklich besonders. Jeder Tag ein Geschenk. Diese eine, kleine Episode unserer Clique, ein ganz Exzellentes.

Was mich heute noch fasziniert: Tatsächlich konnten wir stundenlang ungestört unser Rennen veranstalten und den Verkehr ohne Genehmigung, wenn auch in ganz bescheidenem Maße, einfach umleiten.

So hatten wir einen beeindruckenden Tag in einer außergewöhnlichen Zeit. Das Leila als einzige Fahrerin auch noch gewann, bestärke diese Besonderheit der Gegenwärtigkeit.

Glanzvoll strahlten diese Tage und wir mittendrin!

Horst-Jürgen Fiedler, Jahrgang 1966, wurde in Kaiserslautern geboren, kaufmännische Ausbildung, Fachabitur. Tätig bei diversen Unternehmen u.a. TMobile in Bonn. Seit 2006 tätig bei verschiedenen Bildungsträgern und als Mitarbeiter der Bundesagentur für Arbeit. Ausbildungen als Systemischer Berater und Mentaltrainer nach Bilhmaier. Mai 2017 Veröffentlichung des Romans "Das Boot" im Telegonos-Verlag. Aktuell tätig beim Internationalen Bund als Sozialpädagoge und Mitarbeiter mit besonderen Aufgaben.

Danksagung des Herausgebers

Kinder malen für Kinder lautete eine Malaktion anlässlich der Buchmesse Main-Kinzig im April 2018. Bei einem Buch, dessen Erlös Kindern in Not zugutekommt, sei den Kindern, die sich daran beteiligt und dazu beigetragen haben, das Buch bunt zu machen, an erster Stelle gedankt.

Ganz herzlich bedanke ich mich bei allen Autoren, die Geschichten für diese Anthologie geschrieben haben. Ohne ihre spontane Bereitschaft wäre dies Buch undenkbar gewesen. Dank ihrer Erinnerungen, Anekdoten oder Kurzgeschichten ist ein bunter Strauß zum Thema Kindheit entstanden, der Ihnen, liebe Leserinnen und Leser hoffentlich das ein oder andere Schmunzeln, gelegentliche Nachdenklichkeit oder auch Freude beim Vorlesen oder Selberlesen geschenkt hat. Danke, dass Sie dieses Buch gekauft haben.

Ich bedanke mich bei Alexandra Rochholl für die Betreuung der Malaktion währen der Buchmesse und bei der Messeleitung, dass sie uns dafür den notwendigen Platz zur Verfügung gestellt hat.

Bei Beate Tohmé, der Geschäftsführerin des Kinderhilfswerks bedanke ich mich für die gute Zusammenarbeit bei der Fertigstellung und Präsentation des Buches.

Herzlichst
Heinz Rochholl
Verlagsleiter

Die Kinderhilfswerk Stiftung Global-Care ist seit 1976 in mittlerweile 21 Entwicklungs- und Schwellenländern auf 4 verschiedenen Kontinenten durch ein umfangreiches Hilfsprogramm tätig. Auf der Grundlage christlicher Nächstenliebe werden hilfebedürftige Menschen aller Altersstufen betreut.

Das Ziel von Global-Care ist es, dass weltweit alle Not leidenden Kinder und deren Familien – unabhängig von Geschlecht, Hautfarbe, Religion oder Zugehörigkeit zu einer Gruppe – ein Leben in Unversehrtheit, Gesundheit und Menschenwürde führen und ihre Potenziale ausschöpfen können.

Wir freuen uns auf Ihren Besuch!

www.telegonos.de

www.kinderhilfswerk.de

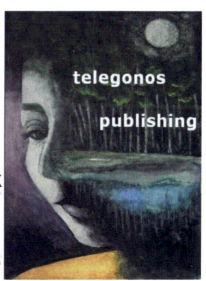